Verse fürs Poesiealbum

Heitere und besinnliche Verse fürs Poesiealbum

Bruno H. Bull

FALKEN

Im FALKEN Verlag sind u. a. folgende Bücher mit Poesiealbum-Versen erschienen:
»Verse fürs Poesiealbum« (241)
»Beliebte Verse fürs Poesiealbum« (431)

CIP-Titelaufnahme der Deutschen Bibliothek

Heitere und besinnliche Verse fürs Poesiealbum /
Bruno Horst Bull (Hrsg.). - Niedernhausen/Ts.: FALKEN, 1990
(FALKEN Bücherei)
ISBN 3-8068-1069-9

ISBN 3 8068 1069 9

Zeichnungen: Hilde Adamczyk, Erding
Satz: Grunewald Satz & Repro GmbH, Kassel
Druck: Wiener Verlag, Himberg bei Wien
Printed in Austria

817 2635 4453 6271

Inhalt

Keine Leserei erfordert eine so strenge Diät als das Lesen hingestreuter Gedanken.

Johann Gottfried von Herder

In manchem guten Weisheitsspruch
schläft oft im Keim ein ganzes Buch!

Emil Rittershaus

Im Rosengarten der Poesie

Nach einer alten islamischen Legende sprach Adam im Paradies in Versen. Tatsächlich sind alle primitiven Mythen der Menschheit in Versen verfaßt. Der Vers ist die natürliche Form der menschlichen Sprache, oder mit anderen Worten: Die erste Sprache war der Gesang; und der Dichter ist der, der wieder die erste Sprache der Menschheit spricht! Diese Gedanken äußerte der nicaraguanische Schriftsteller Ernesto Cardenal. Vielleicht sehen wir hier einen Ansatzpunkt, warum in unserem heutigen, so prosaischen Zeitalter der Elektronik noch immer handgeschriebene Büchlein mit schönen Sprüchen, die POESIEALBEN, zumindest bei Kindern so beliebt sind. So war's auch schon im 15. Jahrhundert, als sich Verwandte und gute Freunde auf den übriggebliebenen leeren Seiten der Ahnenpässe des Adels mit einem geistreichen Spruch verewigten. Diese STAMMBÜCHER wurden über Generationen hinweg aufbewahrt und erst viel später durch Gästebücher und Freundschaftsalben ersetzt. Schon im 18. Jahrhundert gab es gedruckte Spruchsammlungen, welche geplagten Leuten, die selber keinen Vers dichten konnten und keine passenden »Lebensworte« vorrätig hatten, aus der Verlegenheit helfen sollten. Die »Sammlung schöner Stellen zum Gebrauch für Stammbücher« (Nürnberg 1794) und »Das Stammbuch, eine Auswahl von Gnomen und Denksprüchen« (Berlin 1812) waren bestimmt nicht die ersten Anthologien dieser Gattung; sie konnten allerdings genau wie das gegen Ende des vorigen Jahrhunderts erschienene, der Großherzogin von Baden gewidmete »Was soll ich meiner Freundin ins Album schreiben?« für die vorliegende Sammlung ausgewertet werden. Hinzu kamen zahlreiche »Sprüche der Weisheit« aus den Werken unserer Klassiker. Die Handschriftenabteilungen von Städtischen Büchereien, Jugend- und Staatsbibliotheken bergen manchen Schatz an alten Stammbüchern; auch wenn es nicht immer leicht ist, dort zu »plündern«. Der Herausgeber hat mindestens 60 solcher alten Alben und Spruchsammlungen durchgeblättert, hat auf Kinderflohmärkten nach Büchlein jüngeren Datums gefahndet und dort neben

poetischen »Blüten und Perlen« auch manchen von Kindern selbst gereimten Vierzeiler entdeckt. Trotzdem ist kein »Museum« alter Albenpoesie entstanden, sondern ein Gebrauchsbuch zur Verwendung für Eltern, Lehrer und sonstige Erwachsene, aber auch für Teenager, Sprüher, Sprücheklopfer und sogar für Verliebte. Die bunten, vielfältigen metrischen Formen und Inhalte geben darüber hinaus Hobbytextern Anregungen für eigenes wortschöpferisches Tun. Kurzum, es liegt mit dieser Ausgabe ein Kompendium der Gebrauchslyrik zur vielfachen Verwendung vor – als Lieblingsbuch und Nachschlagewerk, als Sammlung mit Leitsprüchen für junge Aussteiger und sogar als optimistischer Wegweiser für verträumte Neoromantiker.
Nach dieser *bescheidenen* Selbstanpreisung ein zweiter Blick in die Geschichte: Dieses Buch will keinen Fluchtweg in die Idylle, in den Schrebergarten der Poesie, weisen. Unsere Ahnen aus dem Biedermeier konnten gegen ihre Unterdrücker – die bösen Potentaten – nur wenig ausrichten. Deshalb richtete sich der Haß der Dichter gegen die Denunzianten, Zensoren und Aufpasser, gegen die Lästerzungen und neidischen Schwestern.
Allein die Kunst konnte den grauen Alltag verschönen, nur sie konnte von der tristen Wirklichkeit ablenken. Ganz zaghaft meldeten sich aufmüpfige Sprücheklopfer, denn mit der Meinungsfreiheit war es nicht weit her. Vielleicht ist dieses Versteckspielen schuld daran, daß wir manches Dichtwerk jener Tage heute nicht mehr so ganz verstehen:

Müde ging ich auf rauhem Steg,
da kroch ein Käfer mir grad in den Weg;
zertretend wollt ich den Tod ihm geben:
da dacht' ich an Dich und trat daneben.

Ein Albumspruch wie dieser läßt uns heute schmunzeln. Aber ist der Vierzeiler wirklich verkorkst? Ein gewisser Gottfried Kinkel ist der Verfasser. Er war am badischen Aufstand von 1848 beteiligt, wurde gefangen, mit dem Tode bedroht, zu lebenslanger Festungshaft verurteilt. Später konnte er fliehen, irrte 16 Jahre lang durch England und Amerika, bis er, bereits 50jährig, als Professor nach Zürich berufen wurde: Wir sehen das Lebensschicksal des Autors im Hintergrund und verstehen jetzt sein Mitleid mit der gequälten Kreatur. Ohne den historischen Hintergrund können wir diesen »Helden der Lyrik« nur belächeln und seine Reimerei leichtfertig als »kitschig« abtun. Selbst wenn wir heute der Aussage vieler Verse nicht mehr zustimmen, uns mit der erzwungenen, sittsam-bescheidenen Lebenseinstellung unserer Vorfahren nicht mehr identifizieren, so bleibt die Lektüre der altväterlichen Poesie doch ein wahrer Genuß. Ein klassischer Spruchdichter wie Goethe ist nicht nur gut, er ist sogar besser als die meisten seiner Zeitgenossen. Was er uns zu sagen hat, ist zeitgemäße Literatur, denn der Dichterfürst war seiner Zeit weit voraus. Bei kleineren Meistern, wie etwa Rückert und Platen, finden wir Reimkonstruktionen, wie sie heute kein Dichter mehr neu erfinden könnte; Verse, die auf der Zunge zergehen, selbst wenn sie davon singen, daß nicht alle Blütenträume reifen, etwa bei Scheffel:

> Behüt Dich Gott! Es wär so schön gewesen.
> Behüt Dich Gott, es hat nicht sollen sein!

Wo jedoch die Zuversicht das Feld beherrscht, »da sind noch die Tage der Rosen!«
Während auch heute noch die Dichter bis zu Beginn des 20. Jahrhunderts mit ihren Sprüchen eifrige Aufnahme in die Poesiealben finden, kämpfen die modernen Dichter gegen Ausgang unseres Jahrhunderts auf verlorenem Posten um die Aufnahme ihrer Texte. Für die »schönen Stellen« aus ihren lyrischen Werken bleiben – mit Ausnahme von wenigen Parodien – die Alben zu. Gleichwohl finden die seit kurzem in Mode gekommenen, sogenannten Spontiverse, wie sie von Sprühkünstlern an graue Mauern gesprayt oder auf Schulbänke gekritzelt werden, Anerkennung und rege Aufnahme. Jungen und Mädchen mit Spürnasen für höheren Blödsinn, für Sprachspiel und Protest, schreiben sie dem Partner ins Album, verschicken sie als Geburtstagsgruß oder verwenden sie als Aufkleber oder Wandspruch. Der Herausgeber hat auch dieses Spruchgut, das oft im bissig-verspielten Gegensatz zum Althergebrachten steht, gesammelt und der Anthologie – mit der Kennzeichnung »Spruch« – kontrapunktisch einverleibt; in einigen Fällen wurden die Texte leicht bearbeitet, allzu Lästerliches wurde auch weggelassen. Nichtsdestoweniger wußte schon der alte Geheimrat in Weimar: »Wer vieles bringt, wird manchem etwas bringen!« In diesem Sinne wünschen wir der Sammlung guten Nutzen und regen Gebrauch.

München, post Christum natum;
ich weiß nicht mehr das Datum.

Ich schreibe in Dein Album

Aller Anfang ist schwer; doch wer die Wahl hat, hat auch die Auswahl. Ein Spruch fürs Poesiealbum soll nicht nur ein heiteres Souvenir in Schriftform sein, sondern auch etwas über die Persönlichkeit des Schreibers aussagen, dem Besitzer des Stammbuches Merkvers und Mahnung sein. Nicht nur der Abschreiber hat es schwer, auch die Schöpfer der Originale haben oder hatten ihre Probleme. Heinz Erhardt, der gewichtige Humordichter der Nachkriegszeit, wußte ein Verslein davon zu singen:

In nur vier Zeilen was zu sagen
erscheint zwar leicht; doch es ist schwer!
Man braucht ja nur mal nachzuschlagen:
die meisten Dichter brauchen mehr!

Schlagen Sie in unserer Sammlung nach:
Erfreuen Sie sich an den Weisheiten und am Witz der Texter, die es in vier Zeilen schafften. Aber auch diejenigen, die mehr (oder weniger) brauchten, sind nicht zu verachten!

Keinen Deiner künftigen Tage
trübe nur die kleinste Plage,
möchten sie doch, mild und rein,
alle Frühlingstage sein.

Album 1856

Dieses Buch ist mir lieb;
wer's mir stiehlt, ist ein Dieb.
Wer's mir aber wiederbringt,
ist ein gutes Kind.

Volkstümlich

Wenn Du mal sehr traurig bist
und das Lachen ganz vergißt,
schau in dieses Album rein:
Bald schon wirst Du fröhlich sein!

Kinderalbum

Wenn sich die Sprüche widersprechen,
ist's eine Tugend und kein Verbrechen.
Du lernst nur wieder von Blatt zu Blatt,
daß jedes Ding zwei Seiten hat.

Paul Heyse

Du fragst: Was nützt die Poesie?
Sie lehrt und unterrichtet nie.
Allein, wie kannst Du noch so fragen?
Du siehst an Dir, wozu sie nützt:
Dem, der nicht viel Verstand besitzt,
die Wahrheit durch ein Bild zu sagen.

Christian Fürchtegott Gellert

Wie das Gewand um Deine Glieder,
schlingt sich der Reim um Vers und Lieder;
schön mögen des Gewandes Falten sein:
Doch schöner muß, was sie enthalten, sein!

Friedrich Bodenstedt

Weiß uns der Leser auch für unsre Kürze Dank?
Wohl kaum; denn Kürze wird durch Vielheit leider lang.

Gotthold Ephraim Lessing

Was reif in diesen Zeilen steht,
was lächelnd winkt und sinnend fleht,
das soll kein Kind betrüben.
Die Einfalt hat es ausgesät,
die Schwermut hat hindurchgeweht,
die Sehnsucht hat's geschrieben.

Clemens Brentano

Was paßt, das muß sich ründen,
was sich versteht, sich finden,
was gut ist, sich verbinden,
was liebt, zusammen sein;
was hindert, muß entweichen,
was krumm ist, muß sich gleichen,
was fern ist, sich erreichen,
was keimt, das muß gedeihn.

Novalis

Es hat der Autor, wenn er schreibt,
so was Gewisses, das ihn treibt.
Der Trieb zog auch den Alexander
und alle Helden miteinander.
Drum schreib ich auch allhier mich ein;
ich möcht nicht gern vergessen sein.

Aus dem 19. Jahrhundert

Um einen guten Freund zu finden,
sucht der bekannte Diogen
in Bergen, Tälern und in Gründen,
und kann doch keinen solchen finden:
Wie schön ist nicht der Zeiten Lauf!
Heut schlägt man nur das Stammbuch auf;
so stehn auf jeder Seite
dergleichen brave Leute.

Aus dem 19. Jahrhundert

Klug war der Mann, der sich das erste Stammbuch machte
und darin seiner Freunde dachte;
denn wenn sie in der Not, wie's oft geschieht, verschwinden,
so lassen sie sich doch im Stammbuch wiederfinden.

Aus dem 19. Jahrhundert

Auch getrennte Freunde mit süßen Banden zu knüpfen,
fand die gute Natur uns eine Sprache: die Schrift!
Sie führt Seelen zusammen, die fern aneinander gedenken,
führt den Seufzer herbei, der in den Lüften verhallt.

Johann Gottfried von Herder

Mit Schwung mal ich mein Verslein hin
Dir in das Buch voll Namen.
Wenn ich auch noch die Kleinste bin,
so sei doch damit angefangen.

Kinderalbum

Ich bin zwar noch klein
und kann noch nicht reimen;
ist dies Blatt entzwei,
so mußt Du es leimen!

Kinderalbum

Rosen, Tulpen, Zwiebeln,
Viktoria, ich muß grübeln!
Find ich keinen Vers für Dich,
lachen alle über mich.

Kinderalbum

Liebe Anna, gutes Mädchen,
hier hast Du von mir ein Blättchen,
kleb es in Dein Album ein,
und gedenke öfters mein.

Kinderalbum

Ist
das
nicht
ein
närrisch
Wesen?
Hat's
vor
Augen
und
kann's
nicht lesen?

Um 1900

Die Tinte macht uns wohl gelehrt,
doch ärgert sie, wo sie nicht hingehört.
Geschrieben Wort ist Perlen gleich,
ein Tintenklecks ein böser Streich.

Johann Wolfgang von Goethe

Du willst, ich soll Dir schreiben
ins Album ein Gedicht?
Verzeih! Das ist nicht möglich,
denn dichten kann ich nicht.
Und könnte ich auch dichten,
ein reizendes Sonett:
es wär nicht wie Du selber,
so reizend und so nett!

Kinderalbum

Du liest wohl in späteren Jahren
die Blätter des Albums einst nach;
Du rufst Dir die Zeit, die entschwunden,
die Tage der Kindheit dann wach.
Da wirst Du manch Blättlein wohl wählen,
geschrieben von liebender Hand,
und wirst von der Freundin erzählen,
was nie dem Gedächtnis entschwand.
Und stellt Dir dann jemand die Frage:
»Wer war's, die dieses Dir schrieb?«
Dann denke Du immer und sage:
»Die Schreiberin hatte mich lieb!«

Aus dem 19. Jahrhundert

Meine Finger sind die Feder,
meine Wangen das Papier,
meine Tränen sind die Tinte,
wenn ich schreiben will an Dir.

Aus Berlin

Steil sind oft die Lebensstufen
und so hart wie Felsgestein.
Später einmal wirst Du rufen:
»Schön war's doch, ein Kind zu sein!«

Kinderalbum

Freund, ich soll Dir auf Begehren
etwas in Dein Stammbuch schreiben:
Stets sollst Du in meinem Sinne,
mich laß stets in Deinem bleiben.

Friedrich von Logau

Alle Tag ein Stückerl weiter,
alle Tag ein bisserl gescheiter.

Aus Süddeutschland

Ein Verslein nach der Mode
fällt mir sogleich nicht ein.
Doch will ich bis zum Tode
Dir treu ergeben sein.

Studentenalbum

Ich schreibe in Dein Album,
was an den Wänden steht:
Nur phantasielose Menschen
flüchten in die Realität.

Spruch

Ich schreibe Dir ins Büchlein,
Dir, meiner geliebten Klothilde:
Nicht jeder, der aus dem Rahmen fällt,
war vorher im Bilde!

Spruch

Ich schreibe mich ins Album ein,
weil ich nicht möcht vergessen sein;
doch auch im Herzen möcht ich stehn,
das Album könnt verloren gehn.

Aus dem 19. Jahrhundert

Ich soll Dir was ins Album schreiben,
doch fällt mir leider gar nichts ein,
Du sollst ein liebes Mädel bleiben,
das wird das allerbeste sein.

Kinderalbum

Wer kann keinen Spaß verstehn,
soll nicht in dies Album sehn.

Volkstümlich

Dichten kann ich leider nicht,
denn mir fehlt die Muse.
Wenn Du Verse haben willst,
sei so gut, mach Du se!

Aus Berlin

Meinst Du wirklich ganz im Ernste,
wenn man mich zum Dichten zwinge
und mir steht danach der Sinn nicht,
daß ich gute Verse bringe?

Studentenalbum

Gedanken, weisheitsvoll,
wenn ich sie jemals hab!
Sie brechen immer mir
beim Bleistiftspitzen ab!

Carl Spitzweg

So viel Dornen ein Rosenstock,
so viel Haare ein Ziegenbock,
so viel Flöh ein Pudelhund,
so viel Jahre bleib gesund.

Album-Klassiker

Ich muß in dieses Album rein,
und soll es auch die Quere sein!

Album 1833

Was soll ich Dir zum Denkmal geben,
das Dich an mich erinnern soll?
Ich will in Deinem Stammbuch leben,
denk auch an mich und lebe wohl!

Stammbuch 1833

Ich wünsche Dir ein Leben,
100 000 Ellen lang,
alle Säcke voll Dukaten,
alle Tage Wurst und Braten.

Aus dem Biedermeier

Ich wünsche Dir die schönsten Vergnügungen
dieser Welt: sich in Gesundheit aalen,
im Geld schwimmen, im Erfolg sonnen.
In Liebe tauchen und in Glück baden!

Spruch

Ich wünsch Dir so viel gute Zeit,
als Sand im breiten Meere leit.
Es soll Dir so viel gut ergehn,
als Sternlein an dem Himmel stehn.
Es soll Dich Gott sovielmal segnen,
als Tropfen in sieben Jahren regnen.

Aus Süddeutschland

Berlin, das Datum weiß ich nicht,
und einen Kalender hab ich nicht.
Die Tinte ist mir eingefroren,
die Feder hab ich auch verloren.
Der Bleistift ist mir abgebrochen,
vor Angst bin ich ins Bett gekrochen.
Berlin, das Datum weiß ich nicht:
Ich glaub, es ist Vergiß-mein-nicht!

Kinderalbum

Drei Engel mögen Dich begleiten
durch Deine ganze Lebenszeit,
und die drei Engel, die ich meine,
sind Liebe, Glück, Zufriedenheit.

Aus dem 19. Jahrhundert

Heiter wie ein Tag im Lenze
fließe Dir Dein Leben hin.
Unschuld sei's, die Dich umkränze,
Tugend Deine Führerin.

Album 1904

Überall ist Platz
für einen guten Satz.
Drum schreib ich hier hin,
wie gut ich Dir bin.

Spruch

Du bist so klein und niedlich,
und heiter ist Dein Blick.
Gott möge Dich erhalten
zu Deiner Eltern Glück.

Kinderalbum

Rein wie das Täubchen,
klar wie der Bach,
fließe Dein Leben
ohn Ungemach.

Volkstümlich

Schreibst Du Dich ins Album ein,
wasch Dir erst die Hände rein!

Kinderalbum

Sei immer vergnügt

Humor ist, wenn man trotzdem lacht! Eine pessimistische Lebenseinstellung ist sprichwörtlich für die Mehrzahl der großen und berühmten Humoristen. Der Clown lacht unter Tränen, die Narrenfreiheit ist Last und Lust zugleich. Von Wilhelm Busch bis zu Karl Valentin gibt's schwermütige Gaudizeugen übergenug, und auch Heinz Erhardt konnte nicht umhin, zuweilen das Trübsalshorn zu blasen:

Wenn Dir ein Fels vom Herzen fällt,
so fällt er auf den Fuß Dir prompt!
So ist es nun mal auf der Welt:
ein Kummer geht, ein Kummer kommt!

Die Lebensbejaher hingegen saßen und sitzen unter den unbekannten Parodisten, den Kaffeehauspoeten und in den Studentenkneipen. Zahlreiche ihrer in einer Sektlaune locker aus dem Ärmel geschüttelten Vierzeiler schlüpften in die Poesiealben der Schüler und Teenager; hier sind sie versammelt: viel Spaß!

Willst andern Du die Zähne zeigen,
so lächle Deinen Nächsten an!

Spruch

Zittre nicht und zage nicht,
sei nicht ungeduldig;
was Du nicht bezahlen kannst,
das bleib den Leuten schuldig.

Kommersspruch

Salomo der Weise spricht:
»Es ist alles eitel!«
Nur drei Dinge sind es nicht:
schöne Mädchen, guter Wein
und ein voller Beutel.
Hab ich dies, so bin ich froh
wie der König Salomo
vom Fuße bis zum Scheitel.

Studentenalbum

Sokrates, der weise Greis,
sagte oft in tiefen Sorgen:
»Ach, wie viel ist doch verborgen,
was man immer noch nicht weiß.«
Und so ist es. – Doch indessen
darfst Du eines nicht vergessen:
Eines weißt Du doch hienieden,
nämlich, wenn Du unzufrieden.

Studentenalbum

Wer des Lebens Unverstand
mit Wehmut will genießen,
der lehne sich an eine Wand
und strample mit den Füßen.

Parodie (nach A. von Thümmel)

Der Erde köstlichster Gewinn
ist frohes Herz und reiner Sinn.

Johann Gottfried Seume

Weißt Du, worin der Spaß des Lebens liegt?
Sei lustig! – Geht es nicht, so sei vergnügt.

Johann Wolfgang von Goethe

Lustig gelebt und selig gestorben
heißt dem Teufel die Rechnung verdorben.

Studentenalbum

Der Teufel soll Dich holen
mit Pulver und Pistolen,
wenn Du je vergißt,
wer der Markus ist!

Kinderalbum

Immer lustig und vergnügt,
bis der Steiß im Sarge liegt.

Spruch

Immer lustig, niemals traurig!
Wer dies nicht ist, den bedaur ich.

Schüleralbum

Immer lustig, immer heiter,
wie der Blitz am Blitzableiter,
wie der Affe frech im Zoo
lebe glücklich, lebe froh!

Kinderalbum

Willst Du lustig leben,
geh mit zwei Säcken;
einen zum Geben,
einen, um einzustecken.
Da gleichst Du Prinzen,
plünderst und beglückst Provinzen.

Johann Wolfgang von Goethe

Sei froh und übe Dich im Lachen,
denn Lachen, das tut gut.
Laß Dir kein X für ein U vormachen,
sei immer auf der Hxt!

Spruch

Warte mit dem Lächeln nicht,
bis Du glücklich bist,
denn es könnte ja passieren,
daß Du dann gestorben bist.

Spruch

Sei fröhlich wie ein Vögelein,
sing lustig in den Tag hinein.
Des Lebens Ernst, er kommt noch früh,
die Jugend nütz, genieße sie!

Kinderalbum

Mache in der heitren Weise
Deine frohe Lebensreise.
Vor Kopfschmerzen und vor Grillen,
die das Herz mit Gram erfüllen,
vor Brandschaden, Nachtgespenstern,
Flöhen und zerschlagenen Fenstern
und vor treulosen Husaren
soll das Schicksal Dich bewahren.

Studentenalbum

Immer munter und frisch
wie im Wasser der Fisch,
wie im Kleefeld der Has,
wie der Heuschreck im Gras,
wie das Entlein im See,
wie das Füchslein im Schnee,
wie das Fröschlein am Bach,
wie der Spatz auf dem Dach,
wie das Fähnlein im Wind,
immer munter, mein Kind!

Neueres Volksgut

Sei fröhlich wie der Optimist,
der alles Schlechte schnell vergißt.
Gräm Dich nicht, reg Dich nicht auf,
das Leben nimmt doch seinen Lauf.

Jugendalbum

Sei heiter!
Es ist gescheiter
als alles Gegrübel.
Gott hilft weiter;
zur Himmelsleiter
werden die Übel.

Theodor Fontane

Viel schöner bist Du, wenn Du lachst,
als wenn Du eine Schnute machst!

Kinderalbum

Nie verlerne, so zu lachen,
wie Du jetzt lachst, froh und frei,
denn ein Leben ohne Lachen
ist ein Frühling ohne Mai.

Volkstümlich

Lachen ist gesund!
Hätten wir nur einen Grund zum Lachen,
könnte das Lachen uns Freude machen.

Spruch

Lachen ist gesund, mein Klaaner,
totgelacht hat sich noch kaaner,
wann's aach schwerfällt, lache doch,
flenne kannste immer noch.

Aus Hessen

Lerne zu warten,
warten ist hart,
aber bedenke:
Kommt Zeit, kommt Bart!

Spruch

Reden ist Silber,
Schweigen ist Pappe,
sei munter und fröhlich
und halt Deine Klappe.

Kinderalbum

Witz auf Witz!
Blitz auf Blitz!
Schlag auf Schlag!
Ob's auch einschlagen mag?

Johann Wilhelm Ludwig Gleim

Bei aller Liebe:
Besser etwas Sand im Schuh
als Sand im Getriebe.

Spruch

Lieber beschwipst und blank
als nüchtern und krank.

Spruch

Blick nicht trostlos in die Welt
wie die dummen Kälber:
Das Gesicht ist Dir geschenkt,
lachen mußt Du selber.

Spruch

Geh munter durch das Leben,
mein Freund, verzweifle nicht.
Besser 'nen Schalk im Nacken
als eine Faust im Gesicht.

Spruch

Ich wollt, ich wär ein Elefant,
dann könnt ich jubeln laut.
Mir wär's nicht um das Elfenbein,
nein, um die dicke Haut!

Volkstümlich

Leb Dein Leben,
sei fidel,
und sei nimmer
ein Kamel.

Spruch

Merke Dir in jedem Fall,
gleich dem Huhn im Hühnerstall;
bist Du noch so froh bewegt:
Gackre erst, wenn's Ei gelegt.

Kinderalbum

Auch die kleinsten Freudenkörner
nur recht fröhlich aufgepickt!
Denn sie helfen Dir verdauen,
was sonst schwer im Magen liegt.

Kinderalbum

Scheint Dir auch mal das Leben rauh,
sei still und zage nicht:
die Zeit, die alte Bügelfrau,
macht alles wieder schlicht.

Wilhelm Busch

Und kommt es Dir zuweilen vor,
als ächze schwer Dein Lebenskarren:
Öl rasch die Räder mit Humor,
dann hört er wieder auf zu knarren.

Volkstümlich

Die Freude fällt uns in die Hände,
die bloße Kunst nur, sich zu freu'n,
die will geübt, errungen sein.

Christoph August Tiedge

Der Mensch lebt nicht vom Brot allein,
es muß auch Wurst und Käse sein.

Parodie (nach einem Bibelvers)

Du bist ein lustiger Vogel,
und so soll's immer sein,
singst fröhlich wie die Lerche,
und niemand sperrt Dich ein.

Spruch

Du brauchst von mir kein Sprüchlein,
brauchst auch nicht meinen Rat,
Du bist auch ohne Wasser und Seife
eine, die sich gewaschen hat.

Spruch

Paulus schrieb an die Korinther:
»Oh, wie kalt ist es im Winter!«
Darauf schrieb er an Babett:
»Liebes Mädchen, Du bist nett!«

Kinderalbum

Liebe Bianka, bleib gesund,
bis zwei Kirschen wiegen ein Pfund.

Kinderalbum

Ein Seehund lag am Meeresstrand,
wusch sich die Schnauz mit weißem Sand.
Oh, möchte doch Dein Herz so rein
wie diese Seehundschnauze sein.

Kinderalbum

Die Rehlein sind munter,
die Vöglein sind froh,
und Du, liebe Monika,
mach's ebenso.

Kinderalbum

Ein Häuschen aus Zucker,
aus Zimt sei die Tür,
der Riegel aus Bratwurst,
das wünsche ich Dir.

 Volksgut

Du bist mir eine tolle Nummer;
doch lieber Dich zum Freund
als gar keinen Kummer.

Spruch

Ein einsames Stübel
ist manchmal nicht übel,
ein Mädchen - Dein Liebel -
und mehrere Kübel
voll schäumendem Bier,
dies alles hernieden
zu genießen in Frieden,
das wünsche ich Dir.

Studentenalbum

Lebe lustig, lebe heiter,
küss die Buben und so weiter,
denn schon die Aposteln schrieben:
Du sollst Deinen Nächsten lieben!

Kinderalbum

Los zu werden den alten Zopf
ist ein vernünftiges Begehren.
Aber wer wird darum den Kopf
gleich ratzenkahl sich scheren?

Emanuel Geibel

Gedenke meiner nah und fern,
gedenke meiner oft und gern!
Gedenke meiner, wenn Du bei Erdäpfeln sitzt
und wenn Du einmal bei der Arbeit schwitzt.

Kinderalbum

Laß den Kopf nicht hängen,
habe frohen Mut.
Einst wird's wieder heller,
einst wird's wieder gut.

Volkstümlich

Wenn Ärger, Not und Kummer
und Sorgen Dich bedrängen:
Kopf hoch! Nur Fledermäuse
lassen sich hängen.

Spruch

Unnötige Sorgen? Vergebens,
daß Du Dich ängstigst und kränkst.
Freue Dich Deines Lebens;
es ist schon später als Du denkst!

Spruch

Laß fünf auch heut gerade wie gestern sein.
Hemm in Fortunens Rade die Speichen ein.
Steh fest bei der Blockade von Schurkerei'n
wie fern am Elbgestade der Königstein,
sonst kommst Du sonder Gnade um Dein Latein.
Zerfließ nicht wie Pomade im Vollmondschein
beim Schall der Serenade: »Ich denke Dein!«
Im Ganzen bleib Nomade, dann wird Gedeih'n
zur Erdenpromenade Dir Gott verleih'n.

Friedrich Matthisson

Laß nur die Sorge sein,
das gibt sich alles schon;
und fällt der Himmel ein,
kommt doch eine Lerche davon.

Johann Wolfgang von Goethe

Sei ohne Furcht, hüpf ruhig zu!
Mach Sprünge wie ein Känguruh,
sei fest gepanzert, wenn's vonnöten,
wie die großen Landschildkröten.
Guck niemals neidisch oder scheel,
benimm Dich nie wie ein Kamel,
sei auch nicht duldsam wie ein Esel:
Viel lieber bleib der alte Schnösel!

Spruch

Wenn Dich die bösen Buben locken,
dann folge ihnen nicht. Stopf Socken!

Studentenalbum

Laß Dich nicht aus der Fassung bringen,
denk an »Götz von Berlichingen«.

Spruch

Sei vergnügt! Wir leben noch.
Klingt es nicht, so klappert's doch.

Aus Berlin

Jeder Lenz bringt neue Lieder,
jeder Tag bringt neues Licht.
Vieles in der Welt kehrt wieder,
doch die schöne Schulzeit nicht.

Kinderalbum

In der Welt ist's trübe; leuchten müssen wir:

Du in	Ich in
Deiner	meiner
Ecke	hier.

Kinderalbum

Sei immer vergnügt:
Das genügt!

Spruch

Sei von Herzen froh!
Das ist das A und O.

Johann Wolfgang von Goethe

So zärtlich wie ein Trampeltier,
so eiskalt wie der Mond,
unschuldig wie der schwarze Teufel,
der in der Hölle wohnt.
So temperamentvoll wie die Schnecke
und störrisch wie ein Vieh,
so eingebildet wie ein Filmstar,
so, Petra, bis Du – nie!

Spruch

Alles Böse wünsch ich Dir
fern vom Leibe, bleibe mir
alles, Unglück treffe Dich
niemals, niemals – denk an mich!

Studentenalbum

Willst Du ewig von mir weichen,
Karoline? (= Fragezeichen).
Ach, was bin ich ohne Dich,
liebes Kind, – (= Gedankenstrich).

Studentenalbum

In meiner Stube rußt der Ofen,
in meinem Herzen ruhst nur Du.

Vogel

Es lebt der Eisbär in Sibirien,
es lebt in Afrika das Gnu,
es lebt der Säufer in Delirien,
in meinem Herzen lebst nur Du.

Studentenalbum

Es haut der Förster seine Föhren,
es haut die Magd die Türe zu,
es haut der Lehrer seine Gören,
in meinem Herzen haust nur Du!

Es spuckt der Bäcker in die Hände,
es spuckt die Köchin ins Ragout,
es spuckt der Lausbub an die Wände,
in meinem Herzen spukst nur Du!

Es webt die Spinne ihre Netze,
es webt der Weber ohne Ruh,
es webt die Norne bis aufs Letzte:
in meinem Herzen webst nur Du!

Die Made leckt an der Kaldaune,
es leckt am Regenwurm der Barsch,
am Honig leckt der Bär, der braune,
und Du, mein Freund? – Leb wohl, leb wohl!

Studenten-Parodien

An Deinem Busen möcht ich rasten
wie der Ochs am Futterkasten.
Wie die Birne am Spalier,
Theresa, hängt mein Herz an Dir!

Aus Berlin

Nicht Wünschelrute und Alraune:
die beste Zauberei liegt
in der guten Laune.

Spruch

Wo man raucht, da kannst Du ruhig harren,
böse Menschen haben nie Zigarren.

David Kalisch

Wo man am meisten drauf erpicht,
gerade das bekommt man nicht.

Wilhelm Busch

So leb denn wohl, leb glücklich und zufrieden,
gedenk der Freundin, die Dich liebt,
die glücklich ist, wenn nie Dein Glück hernieden
ein Unfall oder Kummer trübt.
Nimm noch zuletzt von meinen Schwesterlippen
den Kuß der ewigen Freundschaft hin.
An Dich gedenken werd ich mit Entzücken,
bis ich einst Staub und Asche bin.

Stammbuch um 1850

Im Walde turnt das Känguruh,
in meinem Herzen turnst nur Du.

Kinderalbum

Bei Vollmondschein und Becherklang
ertönt so froh der Liedersang.
Wer Vollmondschein nicht liebt und ehrt,
ist auch den Sonnenschein nicht wert.

Studentenalbum

Wo man singt, da laß Dich ruhig nieder,
ohne Furcht, was man im Lande glaubt;
wo man singt, da wird kein Mensch beraubt,
Bösewichter haben keine Lieder.

 Johann Gottfried Seume

Unsere Freundschaft, die soll brennen

»Was wäre, wenn ich Dich nicht hätte!« Ein oft gesprochenes geflügeltes Wort, das jeden erfreut, dem's gesagt oder geschrieben wurde: Die Freundschaft kommt wie sanftes Mondenlicht! Um so größer ist die Enttäuschung, wenn sie einmal gebrochen wird. Geheimbündler, politische Verschwörer, Burschenschafter schreiben und schrieben die Freundschaft aufs Papier. Wo's gegen Tyrannen und Ausbeuter zu rebellieren galt, war die Männerfreundschaft den Unterdrückten ein fester Anker. So entstanden die meisten gereimten Freundschaftsbekenntnisse im vorigen Jahrhundert. In gegenwärtigen »Sprüchen« sieht man dieses Thema etwas lockerer. Auch Heinz Erhardt weiß die Freundschaft im Vers zu besingen, wenn auch nicht in neuer Form, so doch mit aktuellen Worten und Begriffen:
Was wär ein Apfel ohne -sine,
was wären Häute ohne Schleim-,
was wär die Vita ohne -mine,
was wären Gedichte ohne Reim?
Was wär das E ohne die -llipse,
was wär veränder ohne -lich,
was wären Kragen ohne Schlipse,
und was wär ich bloß ohne Dich?

Das ist zeitgemäß und modern, wenn auch vom Inhalt her nicht viel anders als bisher!

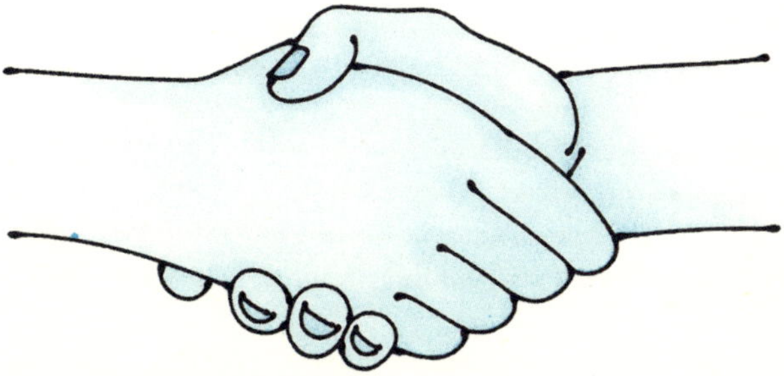

Ist Dein Freund in arger Not,
dann sei kein sturer Stissel;
dann hör, was Gottes Stimme spricht:
»Hilf a bissl, hilf a bissl!«

Aus Süddeutschland

Wenn Du Dir eine Freundin wählst,
dann wähle Dir die rechte,
denn unter 100 Freundinnen
sind 99 schlechte.

Kinderalbum

Ich habe drei Wünsche, die sind zwar klein,
doch passen sie hübsch in Dein Album hinein.
Fürs erste: Sei frisch, gesund und munter!
Fürs zweite: Komm in der Schule nicht runter!
Fürs dritte: Vergiß Deine Freundin nicht,
sonst macht sie Dir immer ein böses Gesicht.

Kinderalbum

Hinter Frankfurts festen Mauern
schlossen wir einst Freundschaft an,
ewig, ewig soll sie dauern,
bis ich nicht mehr atmen kann.

Kinderalbum

Wenn Du einst mit rosigen Wangen
und mit feingelocktem Haar
und vom Schleier reich umfangen
hintrittst vor den Traualtar,
dann gedenke, liebe Rosa,
an die frühere Jugendzeit,
als wir oft beisammen saßen
und uns teilten Freud und Leid.

Kinderalbum

Zwei Täubchen, die sich küssen,
die nichts von Falschheit wissen,
so liebevoll und rein
soll unsre Freundschaft sein.

Kinderalbum

Wenn Du freist in tausend Wochen,
liebe Tanja, laß Dir raten:
Nicht mit Liebe sollst Du kochen,
sondern mit guten Zutaten.

Spruch

Dein gedenk ich, still erfreut,
selbsten in der Einsamkeit;
ja, im dicksten Publikum
schwebt mein Geist um Dich herum.

Wilhelm Busch

Wer Freunde sucht, ist sie zu finden wert:
wer keinen hat, hat keinen noch begehrt.

Gotthold Ephraim Lessing

Freundschaft, Liebe, Stein der Weisen,
diese dreie hört ich preisen,
und ich pries und suchte sie,
aber, ach! Ich fand sie nie.

Heinrich Heine

Besser, daß das Herz Dir bricht
von dem Kuß der Rose,
als Du kennst die Freundschaft nicht
und stirbst liebelose.

Studentenalbum

Alles bricht und alles fällt
mit dem Leben in der Welt,
wahre Freundschaft nur allein
soll bei uns unsterblich sein.

Album 1835

Man sieht sich und lernt sich kennen,
man kennt sich und muß sich trennen,
man trennt sich, doch nicht für immer,
man scheidet, doch vergißt sich nimmer.

Album 1922

Die reine Freundschaft reiner Herzen
geht Hand in Hand in Freud und Schmerzen,
kein Glück, kein Mißgeschick trennt sie.

Johann Kaspar Lavater

Glück sei Dein Los,
Freundschaft meine Bitte!

Aus dem Biedermeier

Durch Liebe, Sitte, Tat und Mund
geschlossen wird der Freundschaftsbund.

Album 1842

Gleicher Sinn und gleiche Herzen,
gleiche Freuden, gleiche Schmerzen:
sind sie nicht der Freundschaft Band,
welches ewig hat Bestand?

Stammbuch 1653

So geht es bergauf, so geht es bergrunter.

Doch unsere Freundschaft
geht niemals unter.

Schüleralbum

Wer trüge wohl des Lebens Bürden,
die bald mit ihrem dumpfen Harm
ein schwaches Herz erdrücken würden,
gäb uns die Freundschaft nicht den Arm!

Christoph August Tiedge

Die Stunden sind verloren,
die wir dem Freund nicht weih'n.
Zum Glück sind wir geboren,
drum laßt uns glücklich sein.

Friedrich von Cronegk

Am meisten ist und wahrsten der mein Freund,
der warm, nicht heiß das Gute, das ich habe,
und streng nicht, doch genau, den Fehl auch sieht.
Hat dieser Freund ein Herz der Redlichkeit,
so liebt er mich, wie ich geliebt will sein.

Friedrich Gottlieb Klopstock

Im Unglück erst bewährt sich Männerkraft,
und Freundestreue prüft man erst im Sturm.

Theodor Körner

Ein Herz und eine Seele sei
mit seinem Freund der Freund,
liebreich und wahrhaft, mild und frei,
in Fern und Tod vereint.
Einst bringt, wer früher starb, im Glanz
dem Brudergeist den Palmenkranz.

Johann Heinrich Voß

Steht ein Freund Dir liebreich noch zur Seite,
reich ihm brüderlich die treue Hand.
Oh, dann winkt Dir noch ein Stern der Freude
und umglänzt das sanft geschlossene Band.
Hoffend darfst Du in die Zukunft schauen,
und Dein Innres stärkt sich durch Vertrauen.

Album 1882

Nur das mag mit festem Erz
in Freundschaft zwei Genossen binden:
wenn Geist und Geist sich, Herz und Herz
in einem höheren Dritten finden.

Emanuel Geibel

Glücklich, wer auf seinem Pfad
einen Freund gefunden hat!

Studentenlied

Nie soll der Freundschaft hoher Preis
bloß auf der Zunge spielen.
Ein Freund muß ihn durch regen Fleiß
und durch Verdienste fühlen.
Er muß vom Eigennutze rein
ihm seine ganze Seele weihn.

Volkstümlich nach 1800

Die Freundschaft währt ewig,
die Liebe vergeht,
drum wähle die Freundschaft,
die ewig besteht.
Die Liebe bringt Rosen,
die Freundschaft die Ruh,
drum wähle die beiden
und glücklich bist Du!

Aus dem 19. Jahrhundert

Stein und Steinchen liegen verstreut im Wege des Lebens,
und sie hemmen bald hier, hemmen bald dorten den Schritt.
Liebe lehrt den Wanderer der Steine und Steinchen nicht achten,
aber die Freundschaft schiebt sorgsam sie alle zurück!

H. P. Hinze

Freund, such im stillen Tale
den düftereichsten Hain,
und gieß aus goldner Schale
den frohen Opferwein.
Noch lächelt unveraltet
das Bild der Erde Dir;
der Gott der Liebe waltet
noch über Dir und mir!

Friedrich Hölderlin

Die Freundschaft ist die heiligste der Gaben;
nichts Heiligeres konnt uns ein Gott verleihn,
sie würzt die Freud und mildert jede Pein,
und einen Freund kann jeder haben,
der selbst versteht, ein Freund zu sein.

Christoph August Tiedge

Die Freundschaft gibt zwar nicht
die Seligkeit der Liebe,
doch wär ein Leben hart,
das ohne Freundschaft bliebe.

Aus dem 19. Jahrhundert

Die guten Freunde wachsen
nicht einfach auf dem Mist.
Sage mir, mit wem Du umgehst,
und ich sage Dir, wer Du bist.

Spruch

Die Liebe bricht herein wie Wetterblitzen,
die Freundschaft kommt wie sanftes Mondenlicht;
die Liebe will erwerben und besitzen,
die Freundschaft opfert, doch sie fordert nicht.

Emanuel Geibel

Der Mensch hat nichts so eigen,
so wohl steht nichts ihm an,
als daß er Treu erzeigen
und Freundschaft halten kann.

Simon Dach

Wenn jemand schlecht von Deinem Freunde spricht,
und scheint er noch so ehrlich, glaub ihm nicht.
Spricht alle Welt von Deinem Freunde schlecht,
mißtrau der Welt und gib dem Freunde recht.
Nur wer so standhaft seine Freunde liebt,
ist wert, daß ihm der Himmel Freunde gibt.
Ein Freundesherz ist ein so seltner Schatz,
die ganze Welt ist dafür nicht Ersatz.

Friedrich Bodenstedt

Die Liebe scheint die zarteste der Triebe,
das wissen selbst die Blinden und die Tauben;
ich aber weiß, was wenige Menschen glauben:
daß wahre Freundschaft zarter ist als Liebe.

August von Platen

Die Erde kann vergehen,
die Sonne kann erblassen,
doch wahre Freundschaft
soll uns nie verlassen.

Volkstümlich

Wer die Freundschaft und die Liebe
nie gesucht mit heißem Triebe,
ist ein zehnmal ärmrer Tor
als wie der, der sie verlor.

Fliegende Blätter

Und wenn ein Freund Dich kränkte,
verzeih's ihm und versteh:
es ist ihm selbst nicht wohl dabei,
sonst tät er Dir nicht weh.

Friedrich Rückert

Bist Du mein guter Freund,
so stimme mit mir ein:
Du sollst mein Jonathan,
ich will Dein David sein.

Aus dem Biedermeier

David und Jonathan liebten sich sehr,
gute Freunde noch viel mehr.

Aus dem 19. Jahrhundert

O reiß den Faden nicht
der Freundschaft rasch entzwei!
Wird er auch neu geknüpft,
ein Knoten bleibt dabei.

Friedrich Rückert

Und wärst Du auch dem ärmsten Bettler gleich,
bleibt Dir ein Freund, so bist Du reich.
Doch wer den höchsten Königsthron gewann
und keinen Freund hat, ist ein armer Mann.

Friedrich Bodenstedt

Wenn zwei gute Freunde sind,
die einander kennen,
Sonn und Mond begegnen sich,
ehe sie sich trennen.

Clemens Brentano

Kannst Du eigentlich ermessen,
welch ein guter Freund Du mir?
Solltest Du das je vergessen,
wär das gar nicht nett von Dir!

Kinderalbum

Unsere Freundschaft, die soll brennen
wie ein dickes Dreierlicht;
Freunde wollen wir uns nennen,
bis der Mops Französisch spricht.

Stammbuchvers

Unsere Freundschaft, die soll wurzeln,
bis wir in den Sarg reinpurzeln.

Studentenalbum

Unsere Freundschaft, die soll sein
wie die Festung Königstein.
Wenn sie die in Stücke schießen,
wollen wir unsere Freundschaft beschließen.

Aus Sachsen

Wenn Teufel beten und Engel fluchen,
wenn Katz und Mäuse sich besuchen,
wenn alle Mädchen keusch und rein,
dann hör ich auf, Dein Freund zu sein!

Album 1882

Der Eskimo in Kanada
ist gleich mit seiner Nase da,
um freundlich sich mit Dir zu reiben.
So soll auch unsere Freundschaft bleiben:
Hab stets die Nase hochgestellt,
und reib Dich mit der ganzen Welt!

Spruch

Wenn Berg und Tal uns trennen,
und wir uns kaum noch kennen,
dann denk an dieses Blatt
und wer's geschrieben hat.

Volkstümlich

Wenn Dich des Lebens Bürden drücken,
und selbst wenn schon mit finsteren Blicken
die Abendsonne auf Dich scheint,
und wenn die Stirn sich wirft in Falten,
wenn Kummer will das Herz Dir spalten
und wenn Dein Auge Tränen weint,
so denk an Deinen Herzensfreund.

Aus dem 19. Jahrhundert

Wenn alle Ketten reißen,
wenn jedes Herz zerbricht,
wenn alle Dich vergessen,
mein Herz vergißt dich nicht.

Studentenalbum

Weil Du mich, Freund, beschenkst mit Dir,
so dank ich billig Dir mit mir;
nimm hin deswegen mich für Dich,
ich sei Dir du, sei Du mir ich!

Friedrich von Logau

Dort, wo der Fels zum Himmel strebt,
wo überm Tal der Adler schwebt,
wo tosend der Gebirgsbach schäumt,
dort hab ich stets von Dir geträumt.

Aus den Bergen

Wie blau ist der Himmel,
wie funkeln die Stern,
wie hat doch der Georg
seinen Johann so gern.

Volkstümlich

Dünste steigen auf und werden
in den Wolken Blitz und Donner
oder Regentropfen.
Dünste steigen auf und werden
in dem Haupte Zorn und Unmut
oder werden Tränen.
Freund, bewahre Deinen Himmel
vor dem Dunst der Leidenschaften;
Deine Stirn sei Sonne.

Johann Gottfried von Herder

Wenn ich Dich sehe,
vor Freuden ich krähe!

Volksmund

Wer die Freundschaft brechen kann,
fing sie nie von Herzen an.
Der wird fälschlich Freund genennt,
der sich von dem Freunde trennt.

Friedrich von Logau

Freund in der Not will nicht viel heißen;
hilfreich möchte sich mancher erweisen.
Aber die neidlos ein Glück Dir gönnen,
die darfst Du wahrlich Freunde nennen.

Paul Heyse

Langes Sehnen, großes Hoffen,
kann nichts schreiben, bin be...nebelt von Dir!

Spruch

Leihst Du einem Freunde Geld,
mußt Du Dich sogleich entschließen
– leider ist's der Lauf der Welt –
eins von beiden einzubüßen.

Moses Kuh

Denk ich an Dich, dies ist kein Witz,
dann könnt ich winseln wie ein Spitz.
Wenn ich Dich seh, Du süße Nudel,
dann werd ich närrisch wie ein Pudel.
Dies schreibt in Freundschaft, noch und noch
Dein bester Kumpel – A.R. Schloch.

Spruch

Das Glück ist wie ein Omnibus

Korrekturen am Unglück garantieren nicht die Haltbarkeit von Glück. Eine Glückssträhne ist nicht endlos lang, aber auch das Unglück ist nicht von Dauer. Man muß nur etwas dagegen unternehmen, selbst wenn Fortuna, das launenhafte Mädel mit Starallüren, sich nicht gern von uns herumkommandieren läßt. Die alte Dame Unglück ist da viel beständiger und treuer. Gleichwohl läßt sie sich vertreiben, wenn auch meist nur mit großer Mühe und gewaltigen Anstrengungen. Jeder ist seines Glückes Schmied, solange er sich nur tüchtig gegen alles Ungemach wehrt. Lisa Fitz, die spitzzüngige Kabarettistin, dichtete in Blickrichtung auf die »nichtemanzipierten Angehörigen des weiblichen Geschlechts«:
Wer sich nicht wehrt,
kommt an den Herd!

Wir hingegen meinen mit den Stammbuchdichtern:
Es lohnt sich jederzeit, dem Glück die Hand zu reichen!

Das Glück ist wie ein Omnibus,
auf den man lange warten muß.
Und kommt er dann zu guter Letzt,
so ruft der Schaffner laut: »Besetzt!«

Studentenalbum

Willst Du glücklich sein im Leben,
trage bei zu andrer Glück;
denn die Freude, die wir geben,
kehrt ins eigne Herz zurück.

Aus dem 19. Jahrhundert

Wenn Du fleißig bist und gut,
Zuversicht und Lebensmut
hast bei allem Deinem Streben,
wirst Du glücklich sein im Leben.

Volkstümlich

Nutze Deine jungen Tage,
lerne zeitig, klüger sein.
Auf des Glückes großer Waage
steht die Zunge selten ein.
Du mußt steigen oder sinken,
Du mußt herrschen und gewinnen
oder dienen und verlieren,
leiden oder triumphieren,
Amboß oder Hammer sein!

Johann Wolfgang von Goethe

Das höchste Glück, o Menschenkind,
oh, glaube doch mitnichten,
daß es erfüllte Wünsche sind;
es sind erfüllte Pflichten.

Karl Gerok

Willst Du immer weiter schweifen?
Sieh, das Gute liegt so nah.
Lerne nur das Glück ergreifen;
denn das Glück ist immer da.

Johann Wolfgang von Goethe

Das Glück ist eine leichte Dirne
und weilt nicht gern am selben Ort;
sie streicht das Haar Dir von der Stirne
und küßt Dich rasch und flattert fort.
Frau Unglück hat im Gegenteile
Dich liebefest ans Herz gedrückt;
sie sagt, sie habe keine Eile,
setzt sich zu Dir ans Bett und strickt.

Heinrich Heine

Das Glück, kein Reiter wird's erjagen;
es ist nicht dort, es ist nicht hier:
Lern überwinden, lern entsagen,
und ungeahnt erblüht es Dir.

Theodor Fontane

Du solltest Deine Hoffnungen
nicht vor der Zeit begraben;
selbst Glatzköpfe können noch
eine Glückssträhne haben.

Spruch

Brauchst nicht zu erschrecken,
ich will Dich nicht necken,
Widerspruch nicht wecken
mit dem Spruch, dem kecken:
Lieber Dreck am Stecken
als im Drecke stecken.

Spruch

Das Glück gleicht oft dem Schlingel,
der nachts vor Deinem Haus
zum Scherz reißt an der Klingel,
und dann kneift aus.
Wer über solches Treiben
sich ärgert, ist ein Tor.
Du mußt ans Haus nur schreiben:
Hier wohnt Humor!

Um 1900

Daß Glück ihm günstig sei,
was hilft's dem Stöffel?
Denn regnet's Brei,
fehlt ihm der Löffel.

Johann Wolfgang von Goethe

Zufrieden sein ist große Kunst,
zufrieden scheinen - bloßer Dunst,
zufrieden werden - großes Glück,
zufrieden bleiben - Meisterstück.

Aus Berlin

In Deinen fröhlichen Tagen
fürchte des Unglücks tückische Nähe!
Nicht an die Güter hänge Dein Herz,
die das Leben vergänglich zieren!
Wer besitzt, der lerne verlieren;
wer im Glück ist, lerne den Schmerz.

Friedrich von Schiller

Allzeit fröhlich ist gefährlich,
allzeit traurig ist beschwerlich,
allzeit glücklich ist betrüglich,
eins ums andre ist vergnüglich.

J. von Radowitz

Sei Amboß bei des Schicksals Schlägen;
sonst magst Du Dich als Hammer regen.

Leopold von Sacher-Masoch

Wenn ein Leid Dich schwer bedrängt,
tritt entgegen ihm mit Waffen;
wenn es Dir den Raum beengt,
suche selbst, Dir Raum zu schaffen!
Zeige Dich zu jeder Zeit
stärker als Dein Herzensjammer,
dien als Amboß nicht dem Leid,
nein, sei Deines Leides Hammer!

Hermann Marggraff

Was auch kommen mag:
Sei ohne Sorgen!
Nach jeder Nacht
kommt ein neuer Morgen.
In jedes Dunkel
kommt mal ein Licht,
das hell und strahlend
durch Wolken bricht.

Volkstümlich

Hab Sonne im Herzen
und Zwiebeln im Bauch,
dann kannst Du gut scherzen,
und Luft hast Du auch.

Parodie

Hell Gesicht bei bösen Dingen
und bei frohen still und ernst,
und gar viel wirst Du vollbringen,
wenn Du dies beizeiten lernst.

Ernst Moritz Arndt

Dulde, gedulde Dich fein!
Über ein Stündlein
ist Deine Kammer voll Sonne.

Paul Heyse

Bist Du heiter,
sag es weiter.
Drückt Dich ein Stein,
trag ihn allein.

Wandspruch

Bemüh Dich nur und sei hübsch froh,
der Ärger kommt schon sowieso.

Wilhelm Busch

Scheint die Sonne noch so schön,
am Ende muß sie untergehn.

Heinrich Heine

Die Blume am Weg, die verblühende,
der Funke im Wind, der verglühende,
der Hornruf im Wald, der verwehende,
sie grüßen Dein Glück, das vergehende!

Emil Claar

Glück kann das Abendläuten,
das Ruhen nach schwerem Tagwerk bedeuten.
Glück läßt sich nicht erjagen, erfragen,
Glück muß man tief im Inneren tragen,
und nicht bei den Sternen, und nicht in den Fernen,
im Alltag mußt das Glück Du finden lernen.

Um 1900

Mal gibt es Regen, und dann wieder Sonne,
mal hast Du Trauer, mal Freuden und Wonne.
Mal geht es Dir gut, mal fühlst Du Dich mies:
Nimm's, wie es kommt; akzeptiere dies!

Spruch

Ob Regen oder Sonnenschein,
ein Glückspilz sollst Du immer sein.

Kinderalbum

Glück ist wie ein Sonnenblick;
niemand kann's erjagen,
niemand von sich sagen,
daß er heut und alle Frist
ohne Wunsch und glücklich ist.
Glück ist wie ein Sonnenblick.
Erst wenn es vergangen,
erst in Leid und Bangen
denkt ein Herz und fühlt es klar,
daß es einmal glücklich war.

Martin Greif

O sage nie: Mein Glück ist hin,
und hin ist Freude, Lieb und Lust!
Hast Du nicht einen jungen Sinn
und junges Leben in der Brust?
Und sollte trüb die Erde sein,
und wär der Himmel ohne Licht:
Die Jugend ist der Sonnenschein,
der durch die Wolken bricht.

Julius Rodenberg

Dem Kühnen lacht das Glück,
oder er bricht das Genick.

Volkstümlich

Ob gut, ob schlecht
das Jahr auch sei:
ein bißchen Frühling
ist immer dabei!

Volkstümlich

Wenn des Glückes Sonnen lächeln,
trage nicht zu stolz Dein Haupt;
denk, daß oft nach Zephyrs Fächeln
Sturm des Schiffes Masten raubt.
Trotzdem wandle grad und feste,
ist Dein Glück entschwunden Dir,
vorwärts mutig durchs Geäste
geht's, durch finsteres Waldrevier.
Hinter jedem schwarzen Walde
liegt, vielleicht noch unbekannt,
eine farbenreiche Halde
und der Freiheit schönes Land.

August Karl Auch

Das Glück ist eine blinde Kuh
und läuft dem dümmsten Ochsen zu.

Sprichwort

Glück - Glück - Glück,
jeden Tag ein Stück,
jeden Tag ein Ei,
jeden Sonntag zwei.

Aus dem Biedermeier

Ein ungestörtes Glück verlangen,
heißt Mondeslicht mit Netzen fangen,
den Sonnenstrahl mit Ketten fesseln
und Rosen fordern von den Nesseln.

Otto von Leixner

»Dennoch« ist ein schönes Wort,
»dennoch« heißt mein Glaube;
»dennoch« sag ich fort und fort,
ob ich lieg im Staube,
ob ich steh
auf der Höh
in des Glückes Schimmer:
»Dennoch!« sag ich immer.

Claus Harms

Des Lebens Kunst ist leicht zu lernen und zu lehren;
Du mußt vom Schicksal nie zu viel begehren.
Der, welchem ein bescheidenes Los genügt,
hat einen Schatz, der nie versiegt.
Dem Unersättlichen in jeglichem Genuß
wird selbst das Glück zum Überdruß.

Ludwig Bechstein

O Menschenherz, was ist Dein Glück?
Ein rätselhaft geborner
und, kaum gegrüßt, verlorner
unwiederholter Augenblick.

Nikolaus Lenau

Zweierlei laß Dir gesagt sein,
willst Du stets in Weisheit wandeln
und von Torheit nie geplagt sein:
Laß das Glück nie Deine Herrin,
nie das Unglück Deine Magd sein.

Friedrich Bodenstedt

Glaube – Liebe – Hoffnung.
Wenn Dich diese drei umschweben,
wirst Du ewig glücklich leben.

 Adalbert Müller

Willst Du Dich in dem Glück nicht ausgelassen freun,
im Unglück nicht unmäßig kränken,
so lern so klug wie Eulenspiegel sein:
im Unglück gern ans Glück,
im Glück ans Unglück denken.

Christian Fürchtegott Gellert

Vom Unglück erst
zieh ab die Schuld,
was übrig ist,
trag in Geduld.

Theodor Storm

Geh mit Dir selbst streng ins Gericht,
und wenn's Dir nicht gelingt, von innen
die Ruh, das Glück Dir zu erringen:
von außen kommt das Glück Dir nicht!

Friedrich Bodenstedt

Nimm, soweit die Kraft Dir reicht,
wär Dein Herz auch am Verbluten,
nimm die bösen Tage leicht,
aber ernst und schwer die guten.
Laß, mein Freund, des Lebens Tage
Dir wie liebe Freunde sein,
denn es holt nicht Wunsch, noch Klage
die verlorenen wieder ein.

Friedrich Halm

Nimm die Zunge wohl in acht,
sprich kein Wort, das unbedacht,
denn ein Wort, zu schnell gesprochen,
hat schon manches Glück zerbrochen.

Volkstümlich

Nimm zwei Pfund Geduld, ein Pfund Zufriedenheit,
eine kleine Prise Weltabgeschiedenheit,
zwei Löffel Mühe, Fleiß und ein Lot Ruh,
dann nach Geschmack noch etwas Scherz dazu,
viel guten Willen, reichlichen Humor,
auch leichten Sinn, doch schmecke der nicht vor.
Prüf dies Rezept auf seine Richtigkeit,
dann reicht es für die ganze Lebenszeit.

Volkstümlich

Man muß das Unglück mit Händen und Füßen
und nicht mit dem Maul angreifen.

Johann Heinrich Pestalozzi

Nie verzag in Deinem Mut;
auf die Ebbe folgt die Flut,
geht's Dir schlecht: Es wird wieder gut!

Daniel Sanders

Lieblich und helle
riesle die Quelle
Deiner Tage dahin.

Aus dem Biedermeier

O lebe stets im Glück,
durch Weisheit und durch Tugend.
Denk oft an mich zurück
und unsere frohe Jugend.

Adalbert Müller

Fünf Worte nur an Dich:
Sei glücklich, denk an mich!

Stammbuch 1858

Der Vogel singt
und fragt nicht,
wer ihm lauscht.
Die Quelle rinnt
und fragt nicht,
wem sie rauscht.

Die Blume blüht
und fragt nicht,
wer sie pflückt.
O sorge, Freund,
daß gleiches Tun
Dir glückt.

Julius Sturm

Mit dem Klagen, mit dem Zagen,
wie verdirbst Du's allzuoft;
lerne Trübes heiter tragen,
und das Glück kommt unverhofft.

Volkstümlich

Am kürzesten dauern
die süßesten Freuden;
am schnellsten verschwinden
die glücklichen Zeiten.

Carl Gottlob Cramer

Will das Glück nach seinem Sinn
Dir was Gutes schenken,
sage Dank, und nimm es hin
ohne viel Bedenken.
Jede Gabe sei begrüßt,
doch vor allen Dingen:
das, worum Du Dich bemühst,
möge Dir gelingen!

Wilhelm Busch

Nicht alle sind glücklich,
die glücklich erscheinen.
Der Clown wird lachen,
um nicht zu weinen.

Spruch

Des Herzens Wünsche schreib ich ungelogen,
sie sind nicht an den Haaren hergezogen.
Mag sich auch Unglück blicken lassen,
Dich soll es nie am Kragen fassen!

Um 1830

Willst Du in meinem Himmel mit mir leben?
Sooft Du kommst, er soll Dir offen sein!

Friedrich von Schiller

Freud und Leid sind Reiseleute,
ziehen immer aus und ein;
doch will dieses immer länger,
jene kürzer bei uns sein.

Friedrich von Logau

Im Glück erheb Dich nicht,
im Unglück verzage nicht,
denn Gott ist ein Mann,
der Glück und Unglück wenden kann.

Volksmund

Im Glück nicht stolz sein
und im Leid nicht zagen,
das Unvermeidliche
mit Würde tragen.
Das Rechte tun,
am Schönen sich erfreuen,
das Leben lieben
und den Tod nicht scheuen,
und fest an Gott
und bessre Zukunft glauben,
heißt leben, heißt dem Tod
sein Bitteres rauben.

Karl Streckfuß

Gebunden führt der Schmerz
uns alle durch das Leben.
Sanft, wenn wir willig gehn,
rauh, wenn wir widerstreben.

Albrecht von Haller

Fortuna lächelt, doch sie mag
nur ungern voll beglücken.
Schenkt sie uns einen Sommertag,
so schenkt sie uns auch Mücken.

Wilhelm Busch

Der liebe Gott hat es gewollt,
daß die Mück uns stechen sollt.
Es wär zu schön auf dieser Welt,
wenn die Mück im Sommer fehlt.

Volkstümlich

Jeder nach seinem Sinn wählt seiner Freuden Ort:
der Rosenkäfer hier, und der Mistkäfer dort.

Friedrich Rückert

Anfangs willst Du fast verzagen,
und Du denkst, Du trägst es nie;
und Du wirst es doch ertragen,
aber mit zerschundnem Knie.

Parodie (nach Heine)

Bist Du jung und unbetucht,
nimm Dir dies als Vorsatz an:
Wenn das Glück Dich mal besucht,
biet ihm einen Sessel an!

Spruch

Es hilft uns kein Gedeutel,
so nimm es, wie es fällt:
Der eine hat den Beutel,
der andre hat das Geld.
Es läßt sich nichts erklopfen:
Der eine hat den Wein,
der andre hat die Pfropfen.
Man muß zufrieden sein.

Theodor Fontane

Was Du lebst und was Du leidest,
sei getrost: es geht vorüber!
Ob Du Liebes, ob Du Trübes
hast erwischt: es geht vorüber!

Albert Möser

Der höchste Schmerz, das höchste Glück,
sie kennen keine Lieder;
doch wenn das Leid gelindert ist,
doch wenn das Glück gemindert ist,
dann klingt es mächtig wieder.

Wilhelm Hasenclever

Zeigt die trübe, dunkle Seite
Dir auch oft das Leben,
ist's vom Bild doch nur der Schatten,
um das Licht zu heben.

Anastasius Grün

Wünsche Dir entflohene Stunden,
helle Freuden nicht zurück;
denn das Glück ist nie entschwunden;
was verschwindet, ist kein Glück.

L. Schnabel

Wir lieben uns ganz fürchterlich

Die Liebe ist eine Himmelsmacht, sie überfällt meist junge Menschen wie aus heiterem Himmel. Dem Wunder Liebe begegnen sie oft unvorbereitet. Was liegt da näher, als den bisher nicht gekannten Gefühlen in Versen Ausdruck zu verleihen? Wohl jeder, ob jung oder alt, hat's mal probiert, und nur eine Minderheit ist so abgebrüht, sich diesem Thema ironisch zu nähern. Wer sich selbst auf die Schippe nehmen kann, hat die schlimmsten Folgen seiner *Krankheit* bereits überstanden. Anderen bleiben die Sehnsucht und die Wehmut im Herzen. Die Liebe ist oft nur ein Trübsalsbrunnen. Wird sie zum Born der Freude, tauchen andere Probleme auf.
Kurt Tucholsky, der kritische Geist, wußte von dieser alten Geschichte:
Das ist schwer: ein Leben zu zwein.
Nur eins ist noch schwerer: einsam sein!

Im Stammbuch hat die Liebe ihren festen Platz; kritische und unkritische Aussprüche über die Liebe dürfen in dieser Sammlung nicht fehlen.

Solange das Feuer aufwärts brennt,
solange das Wasser abwärts rennt,
solang der Rebensaft fließt rein,
so lang sollst Du mir die Liebste sein.

Album 1917

Mein Schatz ist kein Engel,
des bin i so froh,
sonst hätt er zwei Flügel
und flög mir dervo.

Schnaderhüpferl aus Österreich

Du hast mein Herz verraten
an einen Flaksoldaten,
womit ich auf Dich huste,
Auguste.

Parodie

Einen Ehmann mußt Du haben,
und wär er lahm von Gicht,
und wär er schwärzer als die Raben,
als alte Jungfer sterbe nicht!

Volksmund

Es weht auseinander der lose Wind
die Wellen und Wolken und Flammen.
Zwei Herzen, die für einander sind,
die finden sich immer zusammen.

Aus dem 19. Jahrhundert

Nur eine Mutter weiß allein,
was lieben heißt und glücklich sein.

Adelbert von Chamisso

Es ging ein Scheich im Syrerland,
führt ein Kamel am Halfterband.
O möcht solch Scheich, doch kein Barbar,
auch Dich einst führen zum Altar.

Parodie (nach Rückert)

Gehst Du in den Ehestand,
führ den Mann mit zarter Hand.
Allzu starke Frauenpower
macht die Ehemänner sauer.

Spruch

Die Liebe, wenn sie neu,
braust wie ein junger Wein:
Je mehr sie alt und klar,
je stiller wird sie sein.

Angelus Silesius

Wer viel geliebt, wird es erfahren haben:
Liebe ist oft nur ein Wort mit fünf Buchstaben.

Spruch

Wer nie ein schreiend Kind umfing,
wer nie die langen, kalten Nächte
im Hemde auf und nieder ging,
der kennt euch nicht, ihr himmlischen Mächte.

Parodie (nach Goethe)

Ein Hagestolz ist viel allein,
er wird im Alter einsam sein.
Doch lieber sollst Du ledig leben
als Deiner Frau die Hosen geben.

Volksgut

Wenn heimlich sich die Liebe naht,
dann nützt kein Zaun und Stacheldraht.

Volksmund

O zarte Sehnsucht, süßes Hoffen,
der ersten Liebe goldne Zeit!
Das Auge sieht den Himmel offen,
es schwelgt das Herz in Seligkeit.
O daß sie ewig grünen bliebe,
die schöne Zeit der jungen Liebe!

Friedrich von Schiller

Es ist nichts über
Jelängerjelieber,
und nichts so honigsüße
als reine Liebesküsse.

Jörg Gaitzhovler

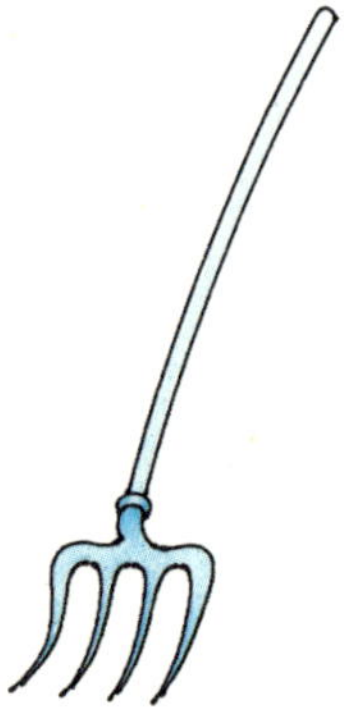

Wer nicht lieben will,
ist wie ein Gabelstiel.

Sprichwort

Eigentlich geht im Prinzip alles;
aber ohne Liebe geht nichts.

Spruch

Ick liebe Dir, ick liebe Dich,
wie's richtig heeßt, det weeß ick nich,
un dennoch bin ick helle.
Ick lieb nich uff den dritten Fall,
ick lieb nich uff den vierten Fall,
ick lieb uff alle Fälle.

Aus Berlin

Ich liebe Dich allein,
kein andrer soll es sein,
kein andrer soll es werden,
solang ich leb auf Erden.

Album 1900

Ich schnitt es gern in alle Rinden ein,
ich grüb es gern in jeden Kieselstein,
ich möcht es sä'n auf jedes Gartenbeet
mit Kressesamen, der es schnell verrät,
auf jeden weißen Zettel möcht ich's schreiben:
Dein ist mein Herz und soll es ewig bleiben!

Wilhelm Müller

Ich liebe Dich –
ist das nicht lieb?

Spruch

Ich liebe Dich!
Ich könnte Dir ohne Bedenken
eine Speiche aus meinem Rennrad schenken.

Parodie (nach Ringelnatz)

Ich liebe Dich, ich küsse Dich
im Sitzen und im Liegen.
Wenn wir einmal Engel sind,
dann küss' ich Dich im Fliegen.

Spruch

Die meisten Menschen brauchen
mehr Liebe als sie verdienen.

Marie von Ebner-Eschenbach

Das ärmste, kleinste Kümmerlein
verklärt die Liebe mit goldenem Schein;
es reicht keine Kunst an das heran,
was die Liebe tut und die Liebe kann.

Volkstümlich

Die Lieb ist süß wie würziger Rosenduft,
der unsichtbar beseelt die warme Luft
und trunken macht die honigdurst'gen Bienen.
Doch Lieb ist kurz auch wie der Rose Tag,
der schneller endet als der süße Schlag
der Nachtigall, die sie beweint im Grünen.

Wolfgang Menzel

Die Lieb umfaßt des Menschen volles Leben,
sie ist sein Kerker und sein Himmelreich.
Wer sich in Demut liebend hingegeben,
der dient und herrscht zugleich.

Adelbert von Chamisso

Liebe kann man nicht beschreiben,
Liebe muß man praktisch treiben.

Spruch

Die Blüte braucht Sonne,
um Frucht zu werden.
Der Mensch braucht Liebe,
um Mensch zu werden.

Spruch

Ei, was kümmern uns Sturm und Wind,
wenn wir in Liebe beisammen sind.

Volksmund

Wunderlichstes Buch der Bücher
ist das Buch der Liebe!
Aufmerksam hab ich's gelesen:
wenig Blätter Freuden,
ganze Hefte Leiden!

Johann Wolfgang von Goethe

Die Liebe ist wie Sonnenschein
und gleichet einer Flamme.
Doch Treue muß die Wurzel sein
an solchem Lebensstamme.

Volkstümlich

Liebe bringt Tränen, und das ist gewiß.
Aber die Tränen der Liebe sind süß.

Aus dem 19. Jahrhundert

Wenn alle untreu werden,
so bleib ich Dir doch treu,
daß Dankbarkeit auf Erden
nicht ausgestorben sei.

Novalis

Liebe im Herzen, Treue im Sinn
führen Dich glücklich durchs Leben dahin!

Volksmund

Rechte Liebe geht von Herzen,
rechte Liebe brennt so heiß.
O wie wohl ist doch dem Menschen,
der von keiner Lieb nichts weiß!

Aus Süddeutschland

Sprichst Du auch mit Engelszungen:
Kennst Du nicht der Liebe Schmerz,
bist Du eine klingende Schelle
oder ein tönendes Erz.

Volkstümlich

Liebe hört auf keine Lehre,
weiß im Leben nicht ein, noch aus.
Wenn es nicht eben die Liebe wäre,
man sperrte sie ins Irrenhaus.

Friedrich Halm

Nenne mir den weiten Mantel,
drunter alles sich versteckt;
Liebe tut's, die alle Mängel
gern verhüllt und fleißig deckt.

Friedrich von Logau

Was bitter und trüb,
trägt alles die Lieb.

Sprichwort

Gegen Liebe hilft kein Wehren,
wie die Dichter dichten.
Lieb kann höchstes Glück bescheren,
sie kann Dich auch vernichten!

Spruch

Dies ist, o Freund, im Erdental
gewöhnlich so Dein Lebenslauf:
Mit Liebesschmerzen fängst Du an,
mit Rheumatismus hörst Du auf.

Parodie

Auf Flügeln des Gesanges
Herzliebchen, trag ich Dich fort,
fort nach den Fluren des Ganges,
dort weiß ich den schönsten Ort.
Dort wollen wir niedersinken
unter dem Palmenbaum,
und Liebe und Ruhe trinken
und träumen seligen Traum.

Heinrich Heine

Ich bin wie ich bin,
drum nimm mich nur hin!
Willst einen Besseren Du besitzen,
so laß Dir ihn schnitzen!

Nach Johann Wolfgang von Goethe

Ich hab Dich geliebt
und im Herzen getragen.
Nun bist du verrutscht
und liegst mir im Magen.

Spruch

Wer nicht liebt, spricht Doktor Luther,
junge Mädchen und trinkt Wein,
und das sagt auch meine Mutter,
ist nicht wert, ein Mann zu sein.
Um also ein Mann zu sein:
liebe Mädchen – trinke Wein!

Kommersspruch

Alle Tage ist kein Sonntag,
alle Tag gibt's keinen Wein,
aber Du sollst alle Tage
recht lieb zu mir sein!

Aus Österreich

Keine Zote ist zu derb,
kein Witz zu obszön,
um Gefühle zu töten,
die ehrlich und schön.

Spruch

Heute zählt nur noch der Schein.
Überall nur Heuchelei'n.
Überall nur Triebe,
ich vermisse die Liebe!

Spruch

Auch Monster brauchen Liebe,
das weiß die ganze Welt;
sei nicht gar so abweisend,
falls eines um Dich anhält.

Spruch

Januar, Februar, März,
Du bist mein liebes Herz.
Mai, Juni, Juli, August,
mir ist nichts mehr bewußt.

Johann Wolfgang von Goethe

O lieb, solang Du lieben kannst.
O lieb, solang Du lieben magst!
Die Stunde kommt, die Stunde kommt,
wo Du an Gräbern stehst und klagst.
Und sorge, daß Dein Herze glüht
und Liebe hegt und Liebe trägt,
solang ihm noch ein andres Herz
in Liebe warm entgegenschlägt.

Ferdinand Freiligrath

Wenn Du ein Herz gefunden,
das treu mit Dir es meint
in gut und bösen Stunden,
bleib eng mit ihm vereint!

Albert Traeger

O glücklich, wer ein Herz gefunden,
das nur in Liebe denkt und sinnt
und, mit der Liebe treu verbunden,
sein schöneres Leben erst beginnt.
Wo liebend sich zwei Herzen einen,
nur eins zu sein in Freud und Leid,
da muß des Himmels Sonne scheinen
und heiter lächeln jede Zeit.

Hoffmann von Fallersleben

Von allem das Best
ist ein Herz, heiter und fest,
ein gesunder Leib,
ein liebes Weib
und ein kleines Eigen!
Wer das hat, mag sich freuen
und schweigen.

Johannes Trojan

Ich hab ein kleines Hüttchen nur,
steht fest auf einer Wiesenflur
an einem Bach, der Bach ist schön:
Willst Du mit mir ins Hüttchen gehn?

Johann Wilhelm Ludwig Gleim

Vater werden ist nicht schwer,
Vater sein dagegen sehr.

Wilhelm Busch

Hier ist mein Gedicht,
mehr braucht es nicht:
Ich liebe Dich,
und Du liebst mich.

Spruch

Grün ist der Klee,
das Herz tut mir weh,
das Herz wird mir eng,
wenn ich an Dich denk.

Kinderalbum

Biri-biri-bump,
der Kaiser ist ein Lump,
der König ist ein Dieb,
aber Du bist mir lieb.

Kindervers

Ich möcht Dich küssen auf den Mund,
denn küssen ist so urgesund.
Der Kuß ist das Zusammenbauzen
zweier verliebter Menschenschnauzen.
Die Blicke werden tief und tiefer,
es nähern sich die Unterkiefer,
dann pflegt man mit geschlossenen Augen
sich aneinander festzusaugen,
wobei meist ein Geräusch entsteht
als wenn die Kuh durch Matsche geht.

Spruch

I laf you,
and you laf mi.
Laf ma miteinand:
wo laf ma hi?

Spruch

Wir sitzen auf der gleichen Bank
und lernen dieselben Sachen;
drum wollen wir uns lieben ein Leben lang
und Freude einander machen.

Sammlung 1893

Ewig mußt Du mich jetzt lieben,
weil Du von mir abgeschrieben!
Doch Du kannst es lassen bleiben,
läßt Du mich von Dir abschreiben!

Kinderalbum

Liebe Astrid, denk an mich.
Ewig, ewig lieb ich Dich.
Wenn ich einst gestorben bin,
geh zu meinem Grabe hin,
schreibe an des Friedhofs Tür:
»Meine Freundin ruhet hier!«
Schreib mit Schönschrift in den Sand:
»Diese hab ich auch gekannt.«

Schüleralbum

Liebe Anke, sei so schlau,
werde niemals Ehefrau!
Vor der Ehe kriegst Du Rosen,
in der Ehe flickst Du Hosen.

Kinderalbum

Freund, der Tauber girrt,
sieh, der Tauber schwirrt
um sein liebes Täubchen:
Nimm auch Du ein Weibchen,
wie's der Tauber tut,
und sei wohlgemut!

Ludwig Christoph Heinrich Hölty

Verlaß Dich auf mich:
Ich liebe Dich!
Verläßt Du mich,
so weine ich.

Album 1893

Lieber Freund, ich warne Dich:
Schön ist Liebe zwar an sich,
doch das Banalste vom Banalen
ist ein Mann in Liebesqualen.

Spruch

Wenn's Dir in Kopf und Herzen schwirrt,
was willst Du Bessres haben!
Wer nicht mehr liebt und nicht mehr irrt,
der lasse sich begraben.

Johann Wolfgang von Goethe

Ach, solange Haß und Liebe,
Furcht und Gier auf Erden schalten,
werden sich der Menschheit Lose
ähnlich oder gleich gestalten.

Friedrich Wilhelm Weber

Ehre die Frauen! Sie weben und flechten
sich falsche Zöpfe zwischen die echten.

Parodie (nach Schiller)

Ach, wie schön, wenn so zwei Menschen walten,
miteinander leben und veralten;
Jugend, unverloren, wird umschweben
die Genossen, die zusammen leben.

Jean Paul

Zwei Tauben am Dach,
die lieb ich so sehr,
und Dich, liebe Svenja,
Dich lieb ich noch mehr.

Volksgut

Die Kirschen sind zeitig,
die Kirschen sind gut,
und wenn ich Dich sehe,
bin ich wohlgemut.

Kinderalbum

Ich hab Dich so gern;
und ziehst Du in die Fern,
so mögen wir uns trotzdem leiden,
auch wenn auf immer getrennt wir bleiben.

Um 1890

Drei Rosen im Gärtli,
drei Hirschen im Wald,
und die Freundin, wo i hab,
mir gar so gut gfallt.

Schnaderhüpferl

Denk an das Aug, das überwacht
noch eine Freude Dir bereitet,
denk an die Hand, die manche Nacht
Dein Schmerzenslager Dir gebreitet;
des Herzens denk, das einzig wund
und einzig selig Deinetwegen,
und dann knie nieder auf den Grund
und fleh um Deiner Mutter Segen!

Annette von Droste-Hülshoff

Diese Welt ist doch die beste

Wir schinden täglich unsere Erde, als hätten wir noch eine zweite auf Vorrat im Kofferraum unseres Autos. Auch in der Vergangenheit wurde der Globus geplündert. Die für den Schiffbau im Altertum abgeholzten Laubwälder rings um das Mittelmeer sind bis heute nicht wieder nachgewachsen. Zahlreiche Tierarten wurden ausgerottet, um menschlichen Bedarf oder auch nur die Besitzgier zu befriedigen. Aber die systematische Umweltzerstörung begann in diesem Jahrhundert, und erst in allerjüngster Zeit gibt es gesprühte Sprüche an Häuserwänden und Fabrikmauern, die uns zur Umkehr mahnen.
Erich Kästner, der Meister der Gebrauchslyrik, sagte es uns schon vor Jahren:
Es gibt nichts Gutes.
Außer: man tut es!

Sprüche, die warnen, die das Positive hinterfragen und die – trotz allem – das Schöne auf dieser Welt besingen, haben Eingang ins moderne Poesiealbum gefunden. Ob sie etwas verändern?

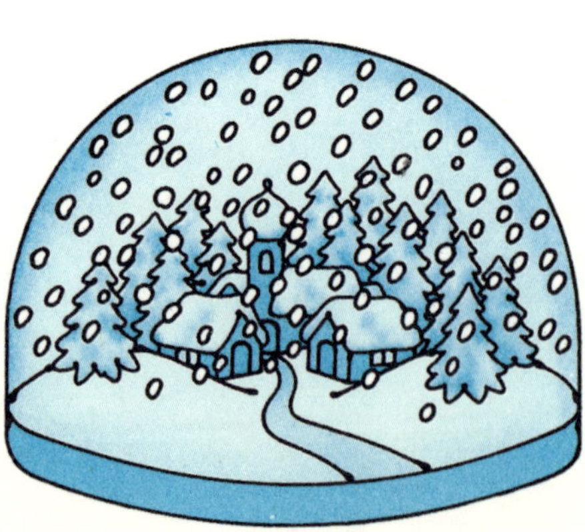

Eine Welle sagt zur andern:
»Ach, wie rasch ist dieses Wandern!«
Und die zweite sagt zur dritten:
»Kurz gelebt ist kurz gelitten.«

Karl Rudolph Tanner

Wer sich an andre hält,
dem wankt die Welt.
Wer auf sich selber ruht,
steht gut.

Paul Heyse

Bei all Deinen Sorgen
merke Dir eins:
Besser Du lebst fünf vor zwölf
als eins nach keins.

Spruch

Wir schlagen der Erde tiefe Wunden
und trampeln achtlos auf ihr herum.
Die Erde ist unsere nährende Mutter,
und seine Mutter bringt man nicht um.

Spruch

Weite Welt und breites Leben,
langer Jahre redlich streben,
stets geforscht und stets gegründet,
nie geschlossen, oft geründet,
ältestes bewahrt mit Treue,
freundlich aufgefaßt das Neue,
heitrer Sinn und reine Zwecke:
Nun, man kommt wohl eine Strecke!

Johann Wolfgang von Goethe

Am Anfang ein Knall,
am Ende ein Knall;
die Menschheit war nur
ein Zwischenfall.

Spruch

Wie geht es in der Welt?

Bald so, bald so.
Bald hier, bald do!
Bergauf, bergab.
Zuletzt
ins
Grab.

Viktor Blüthgen

W - E - L - T,
wie wirst Du angefangen?
Ach, Dein Anfang ist ein W (Weh).
Wenn zum Ende wird gegangen,
findet sich ein hartes T (Tod).
Und noch eh sie wird beschritten,
kommen E -lend, L -eiden in der Mitten.

Stammbuch 19. Jahrhundert

Wenn Du das große Spiel der Welt gesehen,
so kehrst Du reicher in Dich selbst zurück;
denn wer den Sinn aufs Ganze hält gerichtet,
dem ist der Streit in seiner Brust geschlichtet.

Friedrich von Schiller

Du mußt es nicht den Menschen klagen,
wenn Dir vor Schmerz das Herz zerreißt,
denn in unseren wunderbaren Tagen
weiß man ja kaum, was Mitleid heißt.
Und bringt der Kummer Dich zum Weinen,
und drückt Dich nieder schwere Pein,
dann mußt Du immer heiter scheinen
und weinen nur für Dich allein.

Um 1900

Willst Du das Leben recht verstehn,
mußt Du's nicht nur von vorn besehn.
Von vorn betrachtet sieht ein Haus
meist besser als von hinten aus.

Wilhelm Busch

Neigt das Jahr sich,
wird es kälter;
mit den Jahren
wirst Du älter.

Spruch

Wissen heißt, die Welt verstehen;
Wissen lehrt verrauschter Zeiten
und der Stunde, die da flattert,
wunderliche Zeichen deuten.
Und da sich die neuen Tage
aus dem Schutt der alten bauen,
kann ein ungetrübtes Auge
rückwärts blickend vorwärts schauen.

Friedrich Wilhelm Weber

Es reden und träumen die Menschen viel
von bessern künftigen Tagen;
nach einem glücklichen, goldenen Ziel
sieht man sie rennen und jagen.
Die Welt wird alt und wird wieder jung,
doch der Mensch hofft immer Verbesserung.

Friedrich von Schiller

Bleibe nicht am Boden heften!
Frisch gewagt und frisch hinaus.
Kopf und Arm mit heitern Kräften,
überall sind sie zuhaus.
Wo wir uns der Sonne freuen,
sind wir jede Sorge los;
daß wir uns in ihr zerstreuen,
darum ist die Welt so groß.

Johann Wolfgang von Goethe

Auf seinem hohen Throne sitzend,
spricht Salomo, der Weise:
Mit unsrer Welt geht's nimmer vorwärts;
sie dreht sich nur im Kreise!

Spruch

Allen Kleinmut eingestellt,
zweifle nicht an bessrer Welt!
Alle Trägheit eingestellt,
wirke für die bessre Welt!
Alle Selbstsucht eingestellt,
sterbe für die bessre Welt.

Johann Georg Hamann

Die Welt ist ein Schauplatz.
Du kommst, siehst, gehst vorüber.

 Matthias Claudius

Laß ab von diesem Zweifeln, Klauben,
vor dem das Beste selbst zerfällt,
und wahre Dir den vollen Glauben
an diese Welt, trotz dieser Welt.

Theodor Fontane

Die Welt ist ein Theaterspiel,
jedoch die Rollen taugen nicht viel.

Spruch

Die Welt ist ein Sardellensalat;
er schmeckt uns früh, er schmeckt uns spat.

Johann Wolfgang von Goethe

Die Welt ist eine große Seele,
und jede Seele eine Welt;
das Auge ist der lichte Spiegel,
der beider Bild vereinigt hält.
Und wie sich Dir in jedem Auge
Dein eignes Bild entgegenstellt,
so sucht auch jeder seine Seele,
sein eignes Ich nur in der Welt.

Emil Rittershaus

Der Sturm sprach einst:
Ich kenne die Welt;
denn ich zerpflücke sie!
Da sprach der Reif:
Ich kenne sie näher,
denn ich erdrücke sie!
Die Sonne lachte:
Ich kenne sie besser,
denn ich beglücke sie!

Carmen Sylva

Die Welt ist nicht aus Brei und Mus geschaffen,
deswegen haltet euch nicht wie Schlaraffen:
Harte Bissen gibt es zu kauen;
wir müssen erwürgen oder verdauen.

Johann Wolfgang von Goethe

Die Welt ist rauh und dumpf geworden;
die Stimm entfiel ihr nach und nach,
die einst in tönenden Akkorden
zum offnen Ohr des Menschen sprach.

Friedrich Rückert

Die Welt ist vollkommen überall,
wo der Mensch nicht hinkommt mit seiner Qual.

Friedrich von Schiller

Diese Welt ist doch die beste,
und sie lebt sich ziemlich gut
mit Gesundheit, Geld und Tugend
und ein bißchen Übermut.

Eduard von Bauernfeld

Klein ist die Erde
im Sternenwind.
Groß ist der Himmel.
Du bist sein Kind.

Volkstümlich

Der Himmel ist blau,
und grün ist die Au,
und die Welt ist so rund,
dran schau Dich gesund!

Karl Schimper

Wie innen, so ist's draußen auch:
Ist's innen licht und hell,
so dünkt die Welt Dir lieb und schön,
ein reicher Freudenquell.

Emil Rittershaus

Es gibt viele Dinge in der Welt,
die man von fern für reizend hält!
Wenn sie aber uns näherkommen,
sind alle die holden Farben verglommen,
und betrachtet man sie genau,
so sehn sie schwarz aus, zumindest grau.

A. Gebauer

Es gibt so viele Dinge
auf unserm Erdenrund,
davon sind manche traurig,
doch andre schön und bunt.
Du mußt sie nur erspähen,
die Dinge, bunt und rund.
Die traurigen laß liegen –
sonst kommst Du auf den Hund!

Spruch

In der Welt fährst Du am besten,
sprichst Du stolz mit stolzen Gästen,
mit bescheidenen bescheiden,
aber wahr und klar mit beiden.

Anastasius Grün

Gehorchst Du stur der Obrigkeit,
bekommst Du keine Beulen;
es gibt auch ohne Tränengas
bestimmt genug zum Heulen.

Spruch

So ist's nun mal auf dieser Welt,
und ich find's gar nicht gut:
Die kleinen Diebe hängt man,
vor den großen zieht man den Hut.

Spruch

Wer möchte diesen Erdenball
noch fernerhin betreten,
wenn wir Bewohner überall
die Wahrheit sagen täten?
Da lob ich mir die Höflichkeit,
das zierliche Betrügen:
Du weißt Bescheid, ich weiß Bescheid,
und allen macht's Vergnügen.

Wilhelm Busch

Das böse Geld! Die böse Welt!
Trau keiner Außenseite.
Die Leute machen falsches Geld,
das Geld macht falsche Leute.

Johann Christoph Friedrich Haug

Was kann die Welt Dir wohl gewähren?
Entbehren sollst Du, sollst entbehren.
Das ist der ewig Gesang,
der jedem an die Ohren klingt,
den, unser ganzes Leben lang,
uns heiser jede Stunde singt.

Johann Wolfgang von Goethe

Frieden im Gemüte,
das Leben sonnig erhellt:
Wahre Herzensgüte
überwindet die Welt.

 Victor von Scheffel

Leg's dem Leben nicht zur Last,
dünkt sein Werk Dich Plunder!
Wenn Du Märchenaugen hast,
ist die Welt voll Wunder.

Viktor Blüthgen

Lebe von der Welt geschieden,
und Du lebst mit ihr in Frieden.
Willst Du Dich mit ihr befassen,
höre, was Dir widerfährt:
Du mußt lieben oder hassen;
keines ist der Mühe wert.

Friedrich Rückert

Kinderland, du Zauberland,
Haus und Hof und Hecken.
Hinter blauer Wälderwand
spielt die Welt Verstecken.

Detlev von Liliencron

Ich wünsche jedem, der sich tapfer stellt,
zum Kampf mit aller Unbill dieser Welt,
ein trautes Plätzchen, wo er dann und wann
die ganze Welt – vergessen kann.

Volkstümlich

Ach, nirgends scheint doch unsers Herrgotts Sonne
so schön wie da, wo sie zum ersten Mal uns schien.

Christoph Martin Wieland

Die Freuden, die in der Heimat wohnen,
die suchst Du vergebens in fernen Zonen.

August Mahlmann

Wohl oft fand ich, was Aug und Herz ergötzte,
doch nie, was meine Heimat mir ersetzte.

Friedrich Bodenstedt

Das ist's, warum's sich leben läßt
trotz alledem auf dieser Erden:
Die ganze Welt ist nur ein Nest,
doch jedes Nest kann eine Welt Dir werden.

Paul Heyse

Wie fruchtbar ist der kleinste Kreis,
wenn man ihn wohl zu pflegen weiß.

Johann Wolfgang von Goethe

Wer sich behaglich fühlt zu Haus,
der rennt nicht in die Welt hinaus.

Friedrich Rückert

Wo es Dir wohlergeht,
da sei Dein Vaterland;
denn überall
gehst Du an Gottes Hand.

Adalbert Müller

Grauer Himmel – trübe Tage!
Keine Lust und keine Plage,
weder Sturm, noch Sonnenglanz;
grauer Stunden dunkler Kranz.
Manchmal muß es doch gewittern!
Manchmal muß das Herz erzittern,
muß in Leid und Freud erbeben;
wie so öd wär sonst das Leben!

Heinrich Seidel

Der Mensch braucht ein Plätzchen, und wär's noch so klein,
von dem er kann sagen: Sieh her, das ist mein!
Hier leb ich, hier lieb ich, hier ruhe ich aus.
Hier ist meine Heimat. Hier bin ich zu Haus.

Aus dem 19. Jahrhundert

Ans Vaterland, ans teure, schließ Dich an,
das halte fest mit Deinem ganzen Herzen,
hier sind die starken Wurzeln Deiner Kraft.

Friedrich von Schiller

Mit Mädchen sich vertragen,
mit Männern rumgeschlagen,
und mehr Kredit als Geld:
so kommst Du durch die Welt!

Johann Wolfgang von Goethe

Wähnen, glauben, fürchten, lieben,
sich erfreuen und betrüben,
bald sich wagen, bald besinnen,
oft verlieren, oft gewinnen,
sich vertiefen, sich erheben,
zwischen Furcht und Hoffnung schweben,
Traum mit Wirklichkeit verweben,
doch, wo möglich, vorwärts streben:
das ist eben – Menschenleben!

H. G. Nägeli

Stoß an! Ein Hoch dem Deutschen Reich,
an Kühnheit reich, dem Adler gleich,
mög's täglich neu sich stärken.
Doch Gott behüt's vor Klassenhaß
und Rassenhaß und Massenhaß
und derlei Teufelswerken.

Victor von Scheffel

Deutschland hat die Eigenart,
innen bitter, außen hart.

Spruch

Das Paradies der Erde
liegt auf dem Rücken der Pferde,
in der Gesundheit des Leibes
und am Herzen des Weibes.

Friedrich Bodenstedt

Schaue nicht dem Himmel zu;
auf der Erde steht der Schuh.

Aus dem Jahre 1678

Es gibt kein Bier im Himmelreich,
drum trinke es auf Erden gleich.

Spruch

Hinter einem Eisengitter
schmeckt auch süßer Honig bitter.

Spruch

Ein Kerker ist die Erde
für den, der nie sich freut;
zum Paradiese werde
sie uns durch Fröhlichkeit!

August F. E. Langbein

Alles in der Welt läßt sich ertragen,
nur nicht eine Reihe von schönen Tagen.

Johann Wolfgang von Goethe

Ein Blütenkranz ist unser Leben

Wer sich entschließt, ein Poesiealbum anzulegen, steht zumeist im Frühling seines Lebens. Der Lenz ist das Symbol für Jugend und Entfaltung, und der Mai mit seinen linden Nächten ist der Monat der Verliebten. Das sanfte Veilchen duftet schon im März. Ihm folgen Tulpen und Narzissen im April. Das blaue Vergißmeinnicht blüht im Mai, und der Vorsommer bringt uns Nelken und stolze Rosen. Kein Wunder, daß Blumen und Blütenkränze in Alben und Stammbüchern einen gewichtigen Platz beanspruchen. Sie blühen und welken, die Nelken und Rosen, wie Freundschaft und Liebe. Aber das bescheidene Immergrün ist Zeichen der Beständigkeit und mit dem treuen Vergißmeinnicht verbündet. Außerdem sind an den als stolz bezeichneten Rosen ein paar Haken: ihre Stacheln! Da ist sich sogar der kauzige Verseschmied Eugen Roth nicht zu schade, in althergebrachter Weise zu spotten:

Ein Mensch bedenkt mit bittrem Zorn,
daß keine Rose ohne Dorn.
Doch muß ihn noch viel mehr erbosen,
daß sehr viel Dornen ohne Rosen.

Unter den Rosen-und-Vergißmeinnicht-Dichtern ist allerdings die Zahl der Optimisten wesentlich höher!

Geh fröhlich hin durchs blumenreiche Leben
und pflücke manche Blume Dir.
Nicht nur für bittren Gram hat Gott
das Leben uns gegeben,
nein, auch für Freuden sind wir hier.

Album 1940

Unter Blumen soll Dein Leben
fließen wie ein sanfter Bach,
und das größte Glück auf Erden
wünsche ich Dir jeden Tag.

Aus dem 19. Jahrhundert

Unter Palmen, Silberkränzen
soll Dein Name ewig glänzen!
Dieses Verschen ist zwar klein,
Ramona, Du sollst glücklich sein.

Aus dem Biedermeier

Pflanz einen Baum;
und kannst Du auch nicht ahnen,
wer einst in seinem Schatten tanzt,
bedenke, Freund: Es haben unsere Ahnen,
ehe sie Dich kannten, auch für Dich gepflanzt.

Aus dem 19. Jahrhundert

Ein bißchen mehr Friede und weniger Streit.
Ein bißchen mehr Güte und weniger Neid.
Ein bißchen mehr Wir und weniger Ich.
Ein bißchen mehr Kraft, nicht so zimperlich.
Und viel mehr Blumen während des Lebens,
denn auf den Gräbern blühn sie vergebens.

Peter Rosegger

Vom Himmel kam geflogen eine Taube,
sie brachte ein Kleeblatt mit dreifachem Laube.
Sie ließ es fallen; glücklich, wer es findet.
Drei Blättchen sind es:
Hoffnung – Liebe – Glaube!

Friedrich Rückert

Ich ließ zwei Täubchen fliegen
mit Blumen hin zu Dir.
Ein Engel flog daneben,
soll grüßen Dich von mir.

Kinderalbum

Ich lag im Garten und schlief.
Da kam ein Engel und rief:
Annemarie, du sollst erwachen
und sollst der Sylvia ein Sträußchen machen.

Kinderalbum

Ich wollt ein Sträußlein binden,
da kam die dunkle Nacht.
Kein Blümlein war zu finden.
Sonst hätt ich's Dir gebracht.

Kinderalbum

Schönste Blume Männertreu,
wo bist du zu finden?
Nicht auf Bergen, nicht auf Höh'n,
nicht in Tales Gründen.
Suchst Du sie? O kehr zurück,
bleib an Deinem Herde,
denn die Blume Männertreu
blüht nicht auf dieser Erde.

Aus dem 19. Jahrhundert

Dein Herz ist auch ein Acker;
der Ackermann bist Du.
Pfleg ihn und pflüg ihn wacker.
Den Segen gibt Gott dazu.

Friedrich Güll

O ringe nicht nach eitlen Kränzen;
zu oft sind sie des Zufalls Spiel!
Nein, still zu schaffen, nicht zu glänzen,
sei Deines Wirkens edles Ziel!

Friedrich Wilhelm Gotter

Nie kampflos wird Dir ganz
das Schöne im Leben geglückt sein,
selbst Diamantenglanz
will seiner Hülle entrückt sein,
und windest Du einen Kranz:
Jede Blume dazu will gepflückt sein!

Friedrich Bodenstedt

Verwelkt, entblättert, zertreten sogar
von rohen Schicksalsfüßen:
Mein Freund, das ist auf Erden das Los
von allem Schönen und Süßen.

Aus dem 19. Jahrhundert

Wenn die Schwalben heimwärts ziehen,
und die Rosen nicht mehr blühen,
wenn der Nachtigall Gesang
mit der Nachtigall verklang,
fragt das Herz in bangem Schmerz:
Ob ich Dich auch wiederseh?
Scheiden, ach, Scheiden tut weh!

Carl Herloßsohn

Das Leben flieht!
Bedenke Dich nicht lange,
wenn eine Blume Dir entgegenblüht;
in wenig Tagen welkt sie bange.

Adelheid von Stolterfoth

Ohne Blumen, ohne Träume,
ohne schöne Purzelbäume,
ohne Wurst und ohne Speck
hat das Leben keinen Zweck.

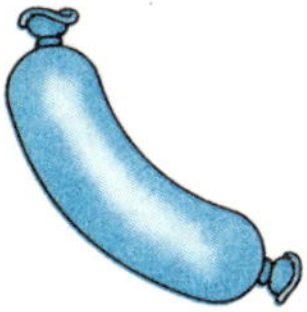

Kinderalbum

Schön ist zwar der Blumen Pracht,
hold der Töne Zaubermacht,
doch dies alles kann mich nie
herzlich freuen ohne Sie!

Aus Sachsen

Du sollst stets blühen und gedeihn.
Du bist für mich die schönste Blume
an meines Herzens Heiligtume.
Darum möcht ich Dein treuer Gärtner sein.

Aus dem 19. Jahrhundert

Wie die Ros' in Deinem Haare,
Mädchen, bist Du bald verblüht;
schönes Mädchen, o bewahre
vor dem Welken Dein Gemüt!

Nikolaus Lenau

Blumen sind an jedem Weg zu finden,
doch nicht jeder weiß den Kranz zu winden.

Anastasius Grün

Ich wollte gern ein Kränzlein binden,
konnt aber keine Blümchen finden.
Der Schnee hat alles zugedeckt,
und die Blümchen sind versteckt.

Kinderalbum

Alle Blumen möcht ich binden,
Lisa, Dir in einen Strauß,
und mit Kränzen Dich umwinden,
daß Du lachend schaust heraus.
Alles Gute möcht ich wünschen,
meine liebe Lisa, Dir,
und zuletzt noch freundlich bitten:
denk an Deine Freundin hier.

Um 1900

Wär ich eine Gärtnerin,
pflanzt ich Dir ein Veilchen hin.
Wär ich eine Dichterin,
schrieb ich Dir ein Verschen hin.
Weil ich keins von beiden bin,
schreib ich meinen Namen hin:
Angelika Freudenschuß

Um 1900

Das Veilchen braucht den Sonnenschein,
dann treibt es neue Triebe.
Dir wünsche ich zum Glücklichsein:
Liebe!

Volkstümlich

Wie das Veilchen sei bescheiden,
wie der Frühling reich an Freuden.

Aus dem 19. Jahrhundert

Es blüht ein schönes Blümchen
auf unserer grünen Au,
sein Aug ist wie der Himmel,
so heiter und so blau.
Es weiß nicht viel zu reden,
und alles, was es spricht,
ist immer nur das eine,
ist nur: Vergiß mein nicht!

Hoffmann von Fallersleben

Auf dem Berge Wurronatzig
schönes Blum gewachsen hat sich,
weiß und blau von Angesicht,
und es heißt: Vergißmeinnicht!

Aus Ostpreußen

Dem kleinen Veilchen gleich,
das im Verborgenen blüht,
sei immer fromm und gut,
auch wenn Dich niemand sieht.

Volkstümlich

So wie diese Rose blüht,
so blühe Dir stets Dein Glück,
und wenn Du dieses Blättchen liest,
so denke an mich zurück.

Album 19. Jahrhundert

Jede Kleinigkeit
reift durch die Zeit;
Mädchen reifen auch:
Was ein Pflänzchen war,
ist schon übers Jahr
Bäumchen oder Strauch.

Um 1900

Sei wie das Veilchen im Moose
bescheiden, sittsam und rein;
nicht wie die stolze Rose,
die immer bewundert will sein.

Album-Klassiker

Veilchen und Vergißmeinnicht
sind des Himmels Gaben:
Tanja hat sie abgepflückt,
Sibylle soll sie haben!

Kinderalbum

Das Veilchen am Bache,
das Röslein am Strauch
sind alle zwei herzig,
und Du bist es auch!

Aus Süddeutschland

Es sollen blaue Blümchen licht
in Deinem Garten sein.
Sie bitten Dich: Vergiß mein nicht,
denn ich gedenke Dein.

Volkstümlich

Ein kleines blaues Blümchen spricht:
Vergiß mich, liebe Freundin, nicht.
Sind wir beide auch noch klein,
die Freundschaft soll doch ewig sein.

Album 1917

Liebe Konstanze, kein langes Gedicht.
Nur diese drei Worte: Vergiß mein nicht!

Kinderalbum

Unter grünem Moos verborgen
blüht ein Blümlein ohne Sorgen,
und das zarte Blümlein spricht:
Bitteschön, vergiß mein nicht!

Kinderalbum

Unter Buchen, unter Linden
wirst Du einst ein Blümlein finden,
welches leise zu Dir spricht:
Erika! Vergiß mein nicht.

Volkstümlich

Ins Freundschaftsgärtchen hier
pflanz ich auf weiß Papier
ein Blümlein - schönres gibt es nicht -
es wird genannt Vergißmeinnicht.

Kinderalbum

Im Herzen tief innen ist alles daheim,
der Freude Saaten, der Schmerzen Keim.
Drum frisch sei Dein Herz und lebendig Dein Sinn,
dann brausen die Stürme daher und dahin.
Du aber bist allzeit zu singen bereit:
Noch ist die blühende, goldene Zeit,
noch sind die Tage der Rosen!

Otto Roquette

Flüchtig verrinnen die Jahre!
Schnell von der Wiege zur Bahre
trägt uns der Fittich der Zeit:
Noch sind die Tage der Rosen,
schmeichelnde Lüfte umkosen
Busen und Wangen uns heut.
Brüder, genießt die Zeit!

August Mahlmann

Ein Blütenkranz ist unser Leben,
wo Knospe sich an Knospe drängt,
mit süßem Wohlgeruch umgeben.
Doch, ach, zu oft mit Dornen untermengt.

Aus dem 19. Jahrhundert

Rosen auf den Weg gestreut,
und des Harms vergessen!
Eine kurze Spanne Zeit
wurd uns zugemessen.
Heute hüpft im Frühlingstanz
noch der frohe Knabe;
morgen weht der Totenkranz
schon auf seinem Grabe.

Ludwig Christoph Heinrich Hölty

Der Rose süßer Duft genügt,
man braucht sie nicht zu brechen;
und wer sich mit dem Duft begnügt,
den wird ihr Dorn nicht stechen.

Friedrich Bodenstedt

Das ist im Leben häßlich eingerichtet,
daß bei den Rosen gleich die Dornen stehn,
und was das arme Herz auch sehnt und dichtet,
zum Schlusse kommt das Voneinandergehn.
In Deinen Augen hab ich einst gelesen,
es blitzte drin von Lieb und Glück ein Schein:
Behüt Dich Gott! Es wär so schön gewesen,
behüt Dich Gott, es hat nicht sollen sein!

Victor von Scheffel

Über Rosen läßt sich dichten,
in die Äpfel mußt Du beißen.

 Johann Wolfgang von Goethe

Von allen Blumen auf der Flur
ist eine unvergänglich nur;
die andern deckt zur Wintersruh
der Schnee mit weißem Schleier zu.
Die eine, wenn es friert und schneit
wohl in der langen Winterszeit,
klopft sanft an unser Herz und spricht:
»Macht auf! Ich bin's: Vergißmeinnicht!«
Und wo ein Herz in Liebe glüht,
wo wahre Freundschaft ist erblüht,
wo man der Treue Kränze flicht,
blüht unverwelkt Vergißmeinnicht!

Album 1907

Glaube bringt uns Gottes Segen,
Liebe Glück auf allen Wegen,
Hoffnung Trost in jeder Not,
und Geduld bringt Rosen!

Album 1917

Wenn die Rosen blühen,
hoffe, liebes Herz.
Still und kühl verglühen
wird dann heißer Schmerz.
Was den Winter über
oft unheilbar schien:
es entweicht das Fieber,
wenn die Rosen blühn!

Aus dem 19. Jahrhundert

Der beste Mensch wird manchmal zornig,
kein Liebespaar kann immer kosen.
Die schönsten Rosen selbst sind dornig,
doch schlimm sind Dornen ohne Rosen.

Friedrich Bodenstedt

Rosen blühn, Rosen blühn,
drei an einem Stengel.
Liebe Eva, Du bist schön,
schöner als ein Engel.

Kinderalbum

Freu Dich des Lebens,
weil noch das Lämpchen glüht;
pflücke die Rose,
eh' sie verblüht!
So mancher schafft sich Sorg und Müh,
sucht Dornen auf und findet sie
und läßt das Veilchen unbemerkt,
das ihm am Wege blüht.
Drum freu Dich des Lebens,
weil noch das Lämpchen glüht;
pflücke die Rose,
eh' sie verblüht!

Martin Usteri

Kein Sternlein blinkt im Walde.
Weiß weder Weg noch Ort:
Die Blumen an der Halde,
die Blumen in dem Walde,
die blühn im Dunkeln fort.

Theodor Storm

Dein Album ist ein Blumengarten,
drin blühen Blumen aller Arten.
Ich stell in diesem Blumenflor
im Herzen mir das Unkraut vor.
Doch wenn die Rosen welkend fallen,
gedenk des Unkrauts dann vor allem,
denn meine Liebe nie erstirbt,
weil ja das Unkraut nicht verdirbt.

Volkstümlich

Rote Rosen stehn im Garten,
tragen schönes grünes Laub.
Deiner will ich immer warten,
bis ich werde einst zu Staub.

Aus dem 19. Jahrhundert

Duften tut sich Rosenstrauch,
duften tut sich Rose auch;
doch was duftet besser wie
meine Freundin Rosmarie?

Aus Preußen

Du blühst wie eine Rose
und duftest wie die Herbstzeitlose.
Riech ich Dein Aroma,
fall ich gleich ins Koma.

Spruch

Wandle auf Rosen lange Zeit,
bis an das Ufer der Herrlichkeit.
Dort stehen Engel mit Sternenkronen,
die werden Dir Liebe und Treue belohnen.

Aus dem 19. Jahrhundert

Hold wie die Morgenröte
im jungen Lenz erwacht
und auf dem Blumenbeete
die sanfte Rose lacht.
So wandle Du im Segen
und immer heitern Sinn
auf blumenreichen Wegen
Dein schönes Leben hin.

Album 1858

Die Distel sprach zur Rose:
»Was bist du nicht ein Distelstrauch?
Dann wärst du doch was nütze,
dann fräßen dich die Esel auch!«

Friedrich Bodenstedt

Leb überhaupt und nur im großen,
so wirst Du wohl dabei bestehn,
und auf die hundert Blätter Rosen
nicht frag, wie viele Dornen gehn.

Ch. Wurm

Auf einsamer Mauer wächst trauriges Moos.
Ich wünsche Dir, Manuela, ein glücklicheres Los.
Wenn Rosen verblühen, der Diamant bricht,
bricht unsere Freundschaft in Ewigkeit nicht.

Aus dem Biedermeier

Auch die Freundschaft windet Kränze,
nicht aus Rosen, nein, aus Immergrün.
Denn die Rosen blühen nur im Lenze,
unsere Freundschaft, die soll ewig blühn.

Aus dem 19. Jahrhundert

Dein Herz ist wie ein Fliederstrauch:
Im Herbst muß er verbleichen;
doch schmückt ihn bald der Frühlingshauch
mit neuen Blüten und Zweigen.
So denke, wenn Dich trifft ein Leid,
es ist ein herbstlich Grauen,
und schöner wird nach kurzer Zeit
Dein Aug den Frühling schauen.

Adolph Menk

Nicht wie Rosen, nicht wie Nelken,
die heut blühn und morgen welken,
sondern wie das Immergrün,
so soll unsre Freundschaft blühn.

Studentenalbum

Rosen, Tulpen, Nelken,
alle diese Blumen welken.
Marmor zerbricht,
aber unsere Freundschaft nicht.

Album-Klassiker

Rosen, Tulpen, Nelken,
alle unsere Blümlein welken;
drum tu was für den Umweltschutz,
sonst bist Du zu gar nichts nutz.

Spruch

Tulpen, Nelken, Rosen,
mach nicht in die Hosen.
Du mußt Deine Ängste dämpfen
und um Deine Rechte kämpfen.

Spruch

Rosen, Tulpen und Narzissen,
alles darf die Mama wissen;
nur der strenge Papa nicht,
sonst gibt's Schläge fürchterlich.

Kinderalbum

Durch wiederholte Streiche
fällt auch die größte Eiche.

Sprichwort

In meinem Garten die Nelken
mit ihrem Purpurstern
müssen nun alle verwelken,
denn Du bist fern!

Emanuel Geibel

Die Rosen und die Nelken,
und Flieder und Jasmin,
die müssen wohl verwelken
und müssen wohl dahin.
Die Lieb ist Gab und Güte,
die Lieb ist keine Pflicht,
die Lieb ist eine Blüte,
sie blüht und bleibt wohl nicht.
Doch Rosen und der Flieder,
und Nelken und Jasmin,
die kommen alle wieder
und werden wieder blühn.

Otto Friedrich Gruppe

Wohl unter Schnee und Eis
blüht Dir ein Edelweiß.
Schön ist der Herzensgruß,
den ich Dir senden muß.

Aus den Bergen

Was ist die schönste Blüte
der blumenreichen Welt?
Ein kindliches Gemüte,
ein Herz, das Gott gefällt.

Album 1917

Was Schlimmeres weiß ich nicht zu sagen,
als blühen und nicht Früchte tragen.

Ernst von Feuchtersleben

Arbeit macht das Leben süß

Wer auf unser deutsches Literaturerbe schwört, der findet – von Martin Luther bis zum Beginn unseres Jahrhunderts – nur Lobendes über die Arbeit und über die Pflichterfüllung. Erst mit Wilhelm Busch beginnt das Lob des Lasters und der Faulheit, gipfelnd in der gegenwärtigen Arbeitsverweigerung der Aussteiger und Spontis. Wie macht man's recht? Soll man die Hände in den Schoß legen und den lieben Gott einen guten Mann sein lassen? Oder soll man sich mühen und plagen; gar den Schweiß von der Stirn rinnen lassen, bis man eines Tages kaputtgeschuftet in die Grube fällt?
Heinz Erhardt, unser Zeitzeuge, fand – wenn nicht alles täuscht – den salomonischen Spruch:
Die Arbeit ist oft unbequem,
die Faulheit ist es nicht, trotzdem:
Der kleinste Ehrgeiz, hat man ihn,
ist stets der Faulheit vorzuziehn!

So gestärkt, wollen auch wir uns nicht länger verweigern: Packen wir's an!

Adam hat es der Eva geklagt:
»Wir Menschen sind doch schrecklich geplagt!«
»Eine alte Geschichte!« hat Eva gesagt.

Daniel Sanders

Der Bürokrat tut seine Pflicht
von 8 bis 2, mehr tut er nicht.

Studentenalbum

Müde und satt –
wie schön is datt!

Spruch

Der Sonntag ist ein Ruhetag,
drauf folgt der blaue Montag,
der Dienstag ein Nichtstuetag,
der Mittwoch dann ist Lohntag:
Wär so es in der Welt bestellt,
wär's so, wie's Dir und mir gefällt.

Daniel Sanders

Alle Menschen in der Welt
streben nur nach Gut und Geld,
und wenn sie es dann erwerben,
legen sie sich hin und sterben.

Aus Berlin

Es blühen Geist und Phantasie,
jedoch das Fleisch bleibt schwach.
In uns allen schlummert ein Genie,
nur wird das Biest nicht wach!

Spruch

Nicht vor der Zeit schon sollst Du aufgeben;
Du schuldest Deinen Träumen noch das Leben.

Spruch

Genieße froh die Tage,
des Augenblickes Gunst:
Richtig dosierte Faulheit
ist ein Stück Lebenskunst.

Spruch

Wenn der Mensch sich etwas vornimmt,
so ist ihm mehr möglich als man glaubt.

Johann Heinrich Pestalozzi

Was Du gelernt in jungen Tagen,
wird Dir im Alter Früchte tragen.

Sprichwort

Der Mensch ist zur Arbeit geboren
wie der Vogel zum Fliegen.

Martin Luther

Ein bißchen Faulsein tut so gut,
an jedem Faultier kannst Du's sehen.
Laß uns mit Kraft und frohem Mut
der Arbeit aus dem Wege gehen.

Spruch

Ein jeder kehre vor seiner Tür,
und rein ist jedes Stadtquartier.

Johann Wolfgang von Goethe

Mein Sprüchlein heißt:
Auf Gott vertrau,
arbeite brav
und leb genau!

Gottfried August Bürger

Arbeit macht das Leben süß,
macht es nie zur Last,
der nur hat Bekümmernis,
der die Arbeit haßt.

Gottlob Wilhelm Burmann

Arbeit macht den Lebenslauf
noch einmal so munter;
froher geht die Sonne auf,
froher geht sie unter.

Gottlob Wilhelm Burmann

Gebrauche Deine Kraft,
man lebt nur, wenn man schafft.

Ernst von Feuchtersleben

Heike, dieser Spruch ist alt:
Was Du tust, das tue bald.

Volkstümlich

Wer sich des Brotes freuen will,
muß guten Teig sich kneten;
wer sich des Gartens freuen will,
der muß das Unkraut jäten.
Wer sich des Lebens freuen will,
muß arbeiten und beten.

Robert Reinick

Arbeit ist des Blutes Balsam,
Arbeit ist der Tugend Quelle.

Johann Gottfried von Herder

Ohne Fleiß
kein Preis.

Sprichwort

Wer lustigen Mut zur Arbeit trägt
und rasch die Arme stets bewegt,
sich durch die Welt noch immer schlägt.
Der Träge sitzt, weiß nicht, wo aus,
und über ihn stürzt ein das Haus.
Mit frohen Segeln munter
fährt der Frohe das Leben hinunter.

Ludwig Tieck

Genieße, was Dir Gott beschieden,
entbehre gern, was Du nicht hast.
Ein jeder Stand hat seinen Frieden,
ein jeder Stand auch seine Last.

Christian Fürchtegott Gellert

All Labsal, was uns hier beschieden,
fällt nur in Kampf und Streit uns zu;
nur in der Arbeit wohnt der Frieden,
und in der Mühe wohnt die Ruh.

Theodor Fontane

Wer die Arbeit kennt und tut sie nicht,
der bleibt fürwahr ein armer Wicht.

Volkstümlich

Du mußt! Dies Wort sei Dir genug;
ein Zauberwort, das Dich im Flug
zur Tat emporrafft ohne Sinnen –
denn was Du mußt, mußt Du beginnen!

Hermann Kletke

Wer die Arbeit kennt
und danach rennt
und sich nicht drückt,
der ist verrückt.

Parodie

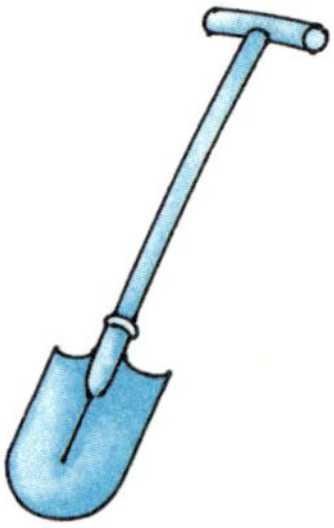

Ohne Arbeit, früh und spät,
wird Dir nichts geraten.
Neid sieht nur das Blumenbeet,
aber nicht den Spaten.

Wandspruch

Freund, lerne zweierlei, so wirst Du nicht verderben:
Zum ersten lerne was, um etwas zu erwerben,
zum andern lerne das, was niemand Dich kann lehren:
Gern das, was Du nicht kannst erwerben, zu entbehren.

Friedrich Rückert

Tu, was Du kannst und laß das andre dem, der's kann,
zu jedem ganzen Werk gehört ein ganzer Mann.
Zwei Hälften machen zwar ein Ganzes, aber merk:
Aus halb und halb getan entsteht kein ganzes Werk.

Friedrich Rückert

Der Adel verpflichtet!
Die Pflichterfüllung adelt.

Fliegende Blätter

Tu stets Deine Pflicht,
doch vergiß dabei nicht,
daß ein fröhlich Gesicht
am meisten besticht.

Um 1900

Musterhaft und meisterhaft
wirst Du nie in allen Dingen,
dennoch nach der Meisterschaft
mußt Du unaufhörlich ringen.

Album 1967

Erfülle jederzeit Deine Pflicht,
und wenn es Dir schwerfällt, dann murre nicht.
Nur den erquickt des Abends Rast,
der freudig trug des Tages Last.

Album 1917

Man kann zwar tun, was man will,
aber nicht wollen, was man will.

Arthur Schopenhauer

Durchs Leben führen zwei Zauberworte,
sie öffnen zu jeglichem Glücke die Pforte.
»Ich will« ist der Schlüssel, aber »ich kann«
ist unerläßlich der Bart daran.

Volkstümlich

Sei nicht ein Wind- und Wetterhahn
und fang nicht immer Neues an.
Was Du einmal begonnen hast,
das führ zu Ende ohne Rast.

Volksmund

Es ist ein tiefer Segen,
der aus dem Wort Dir spricht:
»Erfülle allerwegen
getreulich Deine Pflicht!«
Welch Ziel Du magst erstreben,
sei's nah, sei's hoch und fern:
Weiht nicht die Pflicht Dein Leben,
so fehlt Dein guter Stern.

Julius Hammer

Sei ohne Harm und ohne Groll,
die Welt ist manchen Zufalls voll.
Wenn Du stets schaffst in guter Ruh,
fällt Dir vielleicht ein Glückslos zu.

Volkstümlich

Wo die Arbeit zieht ins Haus,
läuft die Armut bald hinaus;
schläft die Arbeit aber ein,
guckt die Armut zum Fenster hinein.

Robert Reinick

Wir haben Power und Mut, mein Kind:
Wir reißen Bäume aus, wo keine sind!

Spruch

Bleibe ruhig, tu's gediegen:
Was nicht fertig wird, bleibt liegen!

Spruch

Allen ist die Arbeit heilig.
Nur Verrückte haben's eilig.

Spruch

In der Schule wie im Leben
sollte man sein Bestes geben,
denn nur wer sein Bestes gibt,
ist bei jedermann beliebt.

Kinderalbum

Algebra, Physik, Chemie:
Mancher denkt, er lernt es nie!
Aber mancher, der das dachte,
später doch Karriere machte.

Spruch

Gleich einer Schule ist das Leben,
Aufgaben gibt es schwer und viel;
nach besseren Noten gilt das Streben,
ein gutes Zeugnis ist das Ziel.

Kinderalbum

Sei fleißig wie ein Bienchen
und sanft wie ein Kaninchen,
so sauber wie ein Kätzchen,
dann kriegst Du auch ein Schätzchen.

Kinderalbum

Wer fürchtet, daß die Biene sticht,
erntet auch den Honig nicht.

Volksmund

Im Fleiß kann Dich die Biene meistern,
in der Geschicklichkeit ein Wurm Dein Meister sein,
Dein Wissen teilest Du mit vorgezognen Geistern,
die Kunst, o Mensch! hast Du allein.

Friedrich von Schiller

Kluge Sprüche, weise Lehren

Die Volksweisheiten, Leit- und Lebensworte, die klugen Merksprüche, Ermahnungen, Reflexionen und Aphorismen nehmen in den Alben aus Großmamas Zeiten offensichtlich einen großen Raum ein. Gleichwohl gibt es auch unter den modernen Spruchdichtern weise Frauen und scharfsinnige Männer neben Klugschnackern und Besserwissern. Überschlaue Denker kannte auch schon Erich Kästner, und er widmete den Gescheiten sogar einen Vierzeiler:

Vergiß in keinem Falle,
auch dann nicht, wenn vieles mißlingt:
Die Gescheiten werden nicht alle!
(So unwahrscheinlich das klingt.)

Auf den folgenden Seiten sind die Klugen in der Überzahl; die Superschlauen bilden nur eine Minderheit. Der überwiegende Teil der gedankenreichen Sprüche ist es wert, überdacht zu werden, und manches ist durchaus beherzigenswert.

Wer über gewisse Dinge den Verstand nicht verliert,
der hat keinen zu verlieren.

Gotthold Ephraim Lessing

Geh ohne Stab nicht in den Schnee
und ohne Steuer nicht zur See,
geh ohn' Gebet und Gottes Wort
niemals aus Deinem Hause fort.

Album 1900

Das eilende Schiff, es kommt durch die Wogen
wie Sturmwind geflogen.
Mit Jubel verkünden der Stimmen gar viele:
Wir nahen dem Ziele!
Der Fährmann am Steuer nur stöhnt leise:
Wir segeln im Kreise!

Marie von Ebner-Eschenbach

Laß die Winde stürmen
auf des Lebens Bahn,
ob sie Wogen türmen
gegen Deinen Kahn:
Schiffe ruhig weiter,
wenn der Mast auch bricht;
Gott ist Dein Begleiter,
er verläßt Dich nicht.

Album-Klassiker

Das waren mir selige Tage!
Mein liebes Mädchen, o sage:
»Sie waren so selig auch mir!«
Dann such ich ein Schifflein uns wieder,
dann setz ich mich neben Dir nieder
und schiffe durchs Leben mit Dir.

Christian Adolf Overbeck

Setz Dir Perücken auf von Millionen Locken,
setz Deinen Fuß auf ellenhohe Socken:
Du bleibst doch immer, was Du bist!

Johann Wolfgang von Goethe

Lerne, spare, leiste was,
dann kannste, haste, biste was.

Aus Berlin

Wer den Wind sät, wird den Sturm ernten.

Bibelspruch

Wer sich nicht freut an Kleinigkeiten
ist ärmlich dran zu allen Zeiten,
er sieht oft, wie Herr Wieland spricht,
den Wald vor lauter Bäumen nicht.

Aloys Blumauer

Was stets und allerorten
sich ewig jung erweist,
ist in gebundenen Worten
ein ungebundener Geist.

August von Platen

Was man nicht weiß, das eben braucht man,
und was man weiß, kann man nicht brauchen.

Johann Wolfgang von Goethe

Wer weiß, daß er nichts weiß, weiß mehr
als der, der nicht weiß, daß er nichts weiß.

Spruch

Wo kämen wir hin, wenn jeder sagen würde:
»Wo kämen wir hin«, und niemand ginge,
um zu schauen, wohin wir kämen, wenn wir gingen.

Spruch

Willst, o Sterblicher, Du das Meer des gefährlichen Lebens
froh durchschiffen und froh landen im Hafen dereinst,
laß, wenn die Winde Dir heucheln, Dich nicht von dem Stolze besiegen,
laß, wenn Sturm Dich ergreift, nimmer Dir rauben den Mut.
Männliche Tugend sei Dein Ruder, der Anker die Hoffnung,
wechselnd bringen sie Dich durch die Gefahren an Land.

Johann Gottfried von Herder

Du glaubst noch an das Gute?
Inzwischen weiß jedermann:
Das Leben ist ein Schiffbruch –
rette sich, wer kann!

Spruch

Des Lebens große Stürme,
wenn sie vorüber sind,
so mögen sie Dir scheinen,
sie wären leichter Wind.

Volkstümlich

Sei tapfer, wenn die Masten krachen,
daß Du nicht schreckversteinert stehst;
Du wirst die Wogen dienstbar machen,
sobald du klug das Steuer drehst.
Gern packt das Unglück Deine Schwächen –
o kämpfe, daß Du nicht erliegst;
und kannst Du auch den Sturm nicht brechen,
so brich nur selbst nicht, und Du siegst!

Otto Banck

Wer mit dem Leben spielt,
kommt nie zurecht;
wer sich nicht selbst befiehlt,
bleibt immer ein Knecht.

Johann Wolfgang von Goethe

Willst Du Dich selber erkennen,
so sieh, wie die andern es treiben;
willst Du die andern verstehn,
blick in Dein eigenes Herz.

Friedrich von Schiller

Damit Du nichts entbehrst, war Catos weise Lehre:
Entbehre!

Johann Heinrich Voß

Ich will! – Das Wort ist mächtig,
spricht's einer ernst und still;
die Sterne reißt's vom Himmel,
das eine Wort: Ich will!

Friedrich Halm

Willst Du Großes, laß das Zagen,
tu's nach kühner Schwimmer Brauch!
Rüstig gilt's, die Flut zu schlagen,
doch es trägt die Flut Dich auch.

Emanuel Geibel

Wer erst vom süßen Weine trank
und dann von einem sauern,
spürt im Gedärm 'nen starken Drang
und ist sehr zu bedauern.

Parodie

Wer erst in saure Äpfel biß
und dann in einen süßen,
der wird den süßen ganz gewiß
dann doppelt froh genießen.
Doch wer in süße Äpfel biß
und dann in einen herben,
dem wird der herbe ganz gewiß
die ganze Freud verderben.

Robert Reinick

Der größte Lehrer kann Dich nicht umgestalten.
Er kann Dich befrei'n: Du mußt Dich entfalten!

Ernst von Feuchtersleben

Fritz, lerne selbst Dich überwinden!
Dies ist der Tugend schönste Pflicht.
Nie wirst Du Ruh auf Erden finden,
bezähmst Du Deine Triebe nicht.

Gallisch

Die Tugend dient sich selbst zum Lohne,
sie ist's allein, die uns erhöht,
und der hat mehr als eine Krone,
der sie verdient und sie verschmäht.

Friedrich von Cronegk

Die Tugend will nicht immer passen.
Im ganzen läßt sie etwas kalt,
und daß man eine unterlassen,
vergißt man bald.
Doch schmerzlich denkt manch alter Knaster,
der von vergangenen Zeiten träumt,
an die Gelegenheit zum Laster,
die er versäumt.

Wilhelm Busch

Wohltaten, still und rein gegeben,
sind Tote, die im Grabe leben,
sind Blumen, die im Sturm bestehn,
sind Sternlein, die nicht untergehn.

Matthias Claudius

Wenn Gift und Galle die Welt Dir beut,
und Du möchtest das Herz Dir gesund bewahren:
Mach andern Freude! Du wirst erfahren,
daß Freude freut.

Friedrich Theodor Vischer

Was es auch Großes und Unsterbliches zu erstreben gibt,
seinen Mitmenschen Freude zu bereiten
ist doch das Beste, was man auf der Welt tun kann.

Peter Rosegger

Wie sich Dein Leben wendet,
wie lang Dich's quält, wie kurz Dir's lacht:
die Zeit ist nie verschwendet,
in der Du jemand frohgemacht.

Frida Schanz

Wenn auch der Hoffnung letzter Anker bricht:
Verzage nicht!

Volksmund

Nur vorwärts frisch und frei den Blick,
darfst ihn nicht trübe senken;
Dir wird beschieden Dein Geschick,
doch – selber kannst Du's lenken.

Wilhelm Hasenclever

Kannst Du nicht Dombaumeister sein,
behau als Steinmetz Deinen Stein;
fehlt Dir auch dazu Geschick und Verstand,
so trage Mörtel herbei und Sand.

Rudolf Baumbach

Tu endlich nur das Deine,
tu's in schweigendem Vertrauen:
Rüste Balken, haue Steine;
Gott der Herr wird bauen.

Emanuel Geibel

Für Ordnung bist Du nicht zu haben?
Laß Deine Eltern fluchen
und denke Dir: Wer Ordnung hält,
ist bloß zu faul zum Suchen!

Spruch

Furchtlos, doch mit Bescheidenheit
beschreite des Lebens Stege.
Wer immer nur im Mittelpunkt steht,
steht allen andern im Wege.

Spruch

Bescheidenheit ist eine Zier,
doch kommt man weiter ohne ihr.

Aus Berlin

Bescheidenheit und Demut sind
genau wie Schmeichelei,
das lernst Du früh genug, mein Kind,
im Grunde Heuchelei.

Spruch

Oft ist die Heiligkeit,
womit sich kleine Seelen blähen,
bloß Mangel an Gelegenheit,
die Fehler andrer zu begehen.

Gottlieb Konrad Pfeffel

Gesell Dich einem Bessern zu,
daß mit ihm Deine bessern Kräfte ringen.
Wer selbst nicht weiter ist als Du,
der kann Dich auch nicht weiterbringen.

Friedrich Rückert

Kannst Du das Schöne nicht erringen,
so mag das Gute Dir gelingen.
Ist nicht der große Garten Dein,
wird doch für Dich ein Blümchen sein.
So geht es Tag für Tag; doch eben
aus Tagen, Freund, besteht das Leben.
Gar viele sind, die das vergessen:
Man muß es nicht nach Jahren messen!

Eduard von Bauernfeld

Ein Herz, wahrhaftig gut und schön,
wird oft sich täuschen lassen,
läßt durch den Schein sich hintergehn,
und kann sich nie dazu verstehn,
vorher Verdacht zu fassen.

Anna Luise Karsch

Eine Freundin spricht zu Dir:
Geh durchs Leben mit Pläsier,
mache, daß die Leute lachen,
aber – keine krummen Sachen!

Mädchenalbum

Von der Gewalt, die alle Wesen bindet,
befreit der Mensch sich, der sich überwindet.

Johann Wolfgang von Goethe

Werde, was Du noch nicht bist,
bleibe, was Du jetzt schon bist;
in diesem Bleiben und diesem Werden
liegt alles Schöne hier auf Erden.

Franz Grillparzer

Erst unter Kuß und Spiel und Scherzen
erkennst Du ganz, was Leben heißt;
o lerne denken mit dem Herzen,
und lerne fühlen mit dem Geist.

Theodor Fontane

O bad in freien Lüften
die Brust, das Aug im Licht:
Du lebst kein wahrhaft Leben,
wo Deinem Busen jene,
dies Deiner Stirn gebricht.

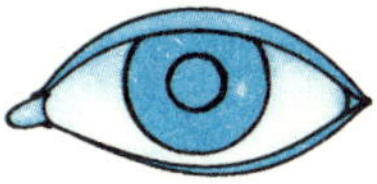

Robert Hamerling

Das sind die Weisen,
die durch Irrtum zur Wahrheit reisen;
die bei dem Irrtum verharren,
die sind die Narren.

Friedrich Rückert

Sollen Dich die Dohlen nicht umschrei'n,
mußt Du nicht Knopf auf dem Kirchturm sein.

Johann Wolfgang von Goethe

Wenn Du viel erreichen willst,
darfst Du niemals mucken:
Wer den Teich aussaufen will,
muß auch Kröten schlucken.

Spruch

Dies Leben ist grausam,
ringsum Bomben und Brand.
Wer den Kopf in den Sand steckt,
wird am Hintern erkannt.

Spruch

Steh und falle mit eigenem Kopfe,
tu das Deine und tu es frisch!
Besser stolz am irdenen Topfe
als demütig am goldenen Tisch.
Wechselnd geht unter Leid und Freuden,
nicht mitfühlend, der schnelle Tag.
Jeder sucht zum Kranze bescheiden,
was von Blumen er finden mag.
Jugend verblüht, Freude entflieht:
Lebe! Halte! Doch lauf niemals nach.

Ernst Moritz Arndt

Einem trauen ist genug,
keinem trauen ist nicht klug;
doch ist's besser, keinem trauen
als auf gar zu viele bauen.

Friedrich von Logau

Weißer Schwan auf blauer Flut,
liebe Dagmar, merk's Dir gut:
Halte stets Dein Herz so rein
wie der Schwan sein Federlein.

Kinderalbum

Sei schlicht und wahr,
blick der Gefahr
frei ins Gesicht:
Fürchte Dich nicht!

Studentenalbum

Du bist begeistert, Du hast Mut -
auch das ist gut!
Doch kann man mit Begeist'rungsschätzen
nicht die Besonnenheit ersetzen.

Heinrich Heine

Leicht zu leben ohne Leichtsinn,
heiter zu sein ohne Ausgelassenheit,
Mut zu haben ohne Übermut -
das ist die Kunst des Lebens!

Theodor Fontane

O Mut, nur Mut in jeder Lage,
wo Dich ein Dornenwald umstarrt!
Die Morgenröte bessrer Tage
glüht hinterm Berg der Gegenwart.

August Friedrich Ernst Langbein

Ist auch oft der Teufel los,
nie verlier den Mut;
wenn Du an Dich selber glaubst,
dann wird alles gut.

Spruch

Ist der Ruf erst ruiniert,
lebst Du frei und ungeniert.

Sprichwort

Unter der Mütze
ein bißchen Grütze
ist viel nütze.

Aber ein fröhliches Herz
unter der Weste
ist doch das Beste.

Aus Mecklenburg

Einmal am Tag eine Wut
kriegen, dann geht es Dir gut.

Spruch

Von Vergnügen zu Vergnügen
rastlos eilen hin und her,
ist ein eitles Selbstbetrügen
und bald kein Vergnügen mehr.

Friedrich Bodenstedt

Der Maulwurf hört in seinem Loch
ein Lerchenlied erklingen
und denkt bei sich: Wie sinnlos ist's
zu fliegen und zu singen!

Emanuel Geibel

Ein kleines Lied, wie geht's nur an,
daß man so lieb es haben kann,
was liegt darin? Erzähle!
Es liegt darin ein wenig Klang,
ein wenig Wohllaut und Gesang,
und eine ganze Seele.

Marie von Ebner-Eschenbach

So tönt kein Lied in kummervollen Stunden,
als wenn der Freund das rechte Wort gefunden.

Nikolaus Lenau

Schläft ein Lied in allen Dingen,
die da träumen fort und fort,
und die Welt hebt an zu singen,
triffst Du nur das Zauberwort.

Joseph von Eichendorff

Lasse Dir den Mut nicht rauben,
sei im Unglück stark und fest;
werden doch die besten Trauben
stets am härtesten gepreßt!

Album 1941

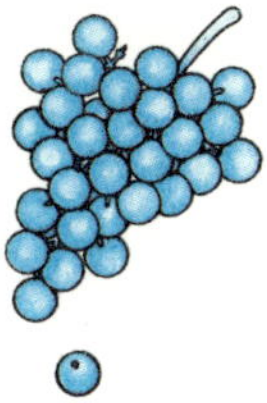

Besser ist's, die Menschen sagen:
Dreimal mehr verdientest Du! –
Als daß Weise spöttisch fragen:
Sagt, wie kam der Narr dazu?

Leopold Günther von Göckingk

Ein Wahn, der Dich beglückt,
ist eine Wahrheit wert, die Dich zu Boden drückt.

Christoph Martin Wieland

Wer sich beurteilt nur nach sich,
gelangt zu falschen Schlüssen;
Du selbst erkennst so wenig Dich,
als Du Dich selbst kannst küssen.

Friedrich Bodenstedt

Beherrsch die hohe Kunst des Schweigens.
Viel Reden ist nicht fein.
Wer ständig seinen Senf draufgibt,
wird selbst ein Würstchen sein.

Spruch

Wenn über eine dumme Sache
mal endlich Gras gewachsen ist,
kommt sicher ein Kamel gelaufen,
das alles wieder runterfrißt.

Wandspruch

Auch wenn Dir der Sinn
meines Spruchs noch nicht dämmert:
Sei gut beschlagen
und nicht – behämmert.

Spruch

Drückt Dich oft die Sorge bleiern
in des Tagwerks schwerem Gang;
laß uns froh am Abend feiern,
denn das Leben währt nicht lang.

Friedrich Bodenstedt

Am Abend wird man klug
für den vergangenen Tag,
doch niemals klug genug
für den, der kommen mag.

Friedrich Rückert

Am guten Alten
in Treue halten,
am kräftigen Neuen
sich stärken und freuen
wird niemand gereuen.

Emanuel Geibel

Das wird kein ganzer Kerl, der nie ein Rüpel war.

Otto Julius Bierbaum

Junges Blut, spar Dein Gut.
Armut im Alter wehe tut.

Sprichwort

Wer sich nicht nach der Decke streckt,
dem bleiben die Füße unbedeckt.

Johann Wolfgang von Goethe

Du bist freigiebig und galant,
und das hält man Dir vor;
viel besser als eine offene Hand
ist oft ein offenes Ohr.

Spruch

Du bist auf dieser Welt nur Gast
auf eine kurze Zeit von Tagen;
wird Dir's so schwer, Dich also zu betragen,
daß Du nicht andern Gästen wirst zur Last?

Johannes Trojan

Erscheint Dir etwas unerhört,
bist Du im tiefsten Herzen empört,
bäume nicht auf, versuch's nicht mit Streit,
berühr es nicht, überlaß es der Zeit:
Ärger ist Zehrer und Lebensvergifter,
Zeit ist Balsam und Friedensstifter.

Theodor Fontane

Unsere Zeit vergeht geschwind,
nimm die Stunden wie sie sind.
Sind sie bös, laß sie vorüber,
sind sie gut, dann freu Dich drüber.

Volkstümlich

So war der Mensch zu allen Zeiten

Der Mensch ist gut; nur die Leut san a Gsindel! Wer es sich so leicht macht, hat nicht den Nagel auf den Kopf getroffen. Menschlichkeit oder Unmenschlichkeit sind uns nicht angeboren, sie wollen erlernt sein. Dabei ist es wohl sehr viel schwerer, sich menschlich, christlich, tolerant und hilfsbereit zu erweisen als das Gegenteil zu praktizieren. Der namhafte Kinderschriftsteller Josef Guggenmos hat sich einmal die Frage gestellt:

Was ist der Mensch?
Fabrikarbeiter,
Schüler, Chefarzt, Fahrer.
Was Du auch seist – im Hauptberuf
sei Mensch, ein ganzer, wahrer.

Eine bessere Antwort läßt sich nicht finden. Der Mensch, das unbekannte Wesen, ist voller Bosheit und Wankelmut; menschliche Güte muß man lange suchen, auch in der Albumpoesie.

Was hilft es Dir, damit zu prahlen,
daß Du ein freies Menschenkind?
Mußt Du nicht pünktlich Steuern zahlen,
obwohl sie Dir zuwider sind?

Wilhelm Busch

Sag stets Deine Meinung;
Du liegst damit nicht schief.
Lieber heute aktiv
als morgen radioaktiv.

Spruch

Den nächsten Krieg gewinnt der Tod,
da hilft kein Gott uns aus der Not.
Drum laß die Rüstung verrosten
im Westen und im Osten.

Spruch

Hoffnung auf Hoffnung geht zu Scheiter,
aber das Herz hofft immer weiter!
Wie sich Wog über Woge bricht,
aber das Meer erschöpft sich nicht.
Daß sich die Wogen senken und heben,
das ist eben des Meeres Leben.
Und daß es hofft von Tag zu Tag,
das ist des Herzens Wellenschlag.

Friedrich Rückert

Das Schicksal ist ein Wirbelwind,
ein armes Blatt das Menschenkind.
Er treibt's zu Tal, er hebt's zum Hügel –
das Blättchen rühmt sich seiner Flügel!

Hieronymus Lorm

Heute und morgen –
wie eilig verweht!
Jauchzen und Sorgen –
alles vergeht.
Du aber lebe,
als läg Deine Zeit
vor Dir als ruhende Ewigkeit.
Tapfer handeln,
in Licht verwandeln
Dunkel und Not,
sei Dein Gebot!
Was Gutes Du tust
mit liebender Hand,
ist von Bestand.

Lenalisa Francke-Hagedorn

Auf des Lebens rauhem Weg begegnet
jeder einem Engel, der ihn segnet,
wenn er ihn erkennt und ihn versteht
und nicht blind an ihm vorübergeht.
Überall durch diese Welt voll Mängel
sendet Wahrheit ihre guten Engel,
um der Menschen Herzen zu umfrieden;
Dir auch ist der Deinige beschieden,
ernst und mild auf Deinem Gang durchs Leben
Dir das sicherste Geleit zu geben;
wenn er naht – o weis ihn nicht zurück,
denn nur er bringt Dir ein dauernd Glück.

Julius Hammer

Es zieht ein stiller Engel
durch dieses Erdenland,
zum Trost für Erdenmängel
hat ihn der Herr gesandt.
In seinem Blick ist Frieden
und milde, sanfte Huld;
o folg ihm stets hienieden,
dem Engel der Geduld!

Karl Spitta

Auf jedes Menschen Angesicht
liegt leise dämmernd ausgebreitet
ein sanfter Abglanz von dem Licht
des Sternes, der sein Schicksal leitet.
Der Genius der Harmonie
wird Dich mit seinen Wundertönen
umrauschen, und Du wirst Dich nie
mit der verstimmten Welt versöhnen.

Georg Herwegh

Kind, du fragst mich, was wir sollen?
Immer nur das Gute wollen,
nach dem Schönen rastlos streben,
wahrhaft sein in Tod und Leben,
vorwärts, nie zurücke schreiten,
wider das Gemeine streiten,
uns den Edelsten vereinen,
was wir sind, auch immer scheinen!
Hast Du dieses Ziel errungen,
ist Dir, was Du sollst, gelungen.

Georg Keil

Was soll dies kindische Verzagen,
dies eitle Wünschen ohne Halt?
Da Du der Welt nicht kannst entsagen,
erobre sie Dir mit Gewalt!
Und könntest Du Dich auch entfernen,
es triebe Sehnsucht Dich zurück;
denn ach, die Menschen lieben lernen,
es ist das einzge, wahre Glück.
Unwiderruflich dorrt die Blüte,
unwiderruflich wächst das Kind,
Abgründe liegen im Gemüte,
die tiefer als die Hölle sind.
Du siehst sie, doch Du fliehst vorüber
im glücklichen, im ernsten Lauf;
dem frohen Tage folgt ein trüber,
doch alles wiegt zuletzt sich auf.

August von Platen

Nimm die Menschen wie sie sind –
es gibt keine besseren, mein Kind!

Spruch

Mußt Dich an eignem Tun ergötzen,
was andre tun, das wirst Du schätzen,
besonders keinen Menschen hassen
und das übrige Gott überlassen.

Johann Wolfgang von Goethe

Sei lieber Dir selber treu – als linientreu!

Spruch

Zuerst auf Deinen Beifall sieh,
dann auf den Beifall aller Welten.
Das Lob der Menge täuscht nicht selten,
die Stimme des Gewissens nie.

Klamer Schmidt

Das flüchtge Lob, des Tages Ruhm
magst Du dem Eitlen gönnen;
das aber sei Dein Heiligtum:
Vor Dir bestehen können!

Theodor Fontane

Unbemerkt durchs Leben schleichen,
wandeln still im Musenhain,
gehn im Mittagssonnenschein
unter Palmen oder Eichen,
keinen Herzensforscher scheu'n
und mit sich zufrieden sein,
hilft den höchsten Zweck erreichen!

Johann Wilhelm Ludwig Gleim

Richte nie den Wert des Menschen
schnell nach einer kurzen Stunde.
Oben sind bewegte Wellen,
doch die Perle liegt am Grunde.

Otto von Leixner

Gescheit gedacht und dumm gehandelt,
so bin ich meine Tage durchs Leben gewandelt.

Franz Grillparzer

Mann mit zugeknöpften Taschen,
Dir tut niemand was zulieb:
Hand wird nur von Hand gewaschen;
wenn Du nehmen willst, so gib!

Johann Wolfgang von Goethe

Wo Edles und Gemeines sich bekriegen,
wird nur zu häufig das Gemeine siegen,
weil ihm das schlechteste Mittel nicht zu schlecht ist,
sein Ziel der Vorteil nur und nicht das Recht ist.

Friedrich Bodenstedt

Verena, lerne Menschen kennen,
denn sie sind veränderlich.
Die Dich heute Freundin nennen,
schimpfen morgen über Dich.

Kinderalbum

Wenn jemand neidvoll an Dich denkt,
verzieh nicht Deine Mienen.
Mitleid kriegst Du umsonst geschenkt,
Neid muß man sich verdienen.

Spruch

Der Mensch muß das Gute und Große wollen.
Das Übrige hängt vom Schicksal ab.

Alexander von Humboldt

So war der Mensch zu allen Zeiten,
so ist er jung, so bleibt er alt;
heiß ist er gegen Kleinigkeiten,
und gegen große Dinge kalt.

Magnus Gottfried Lichtwer

Über das Herz zu siegen ist groß,
ich verehre den Tapferen,
aber wer durch sein Herz siegt,
er gilt mir noch mehr.

Friedrich von Schiller

Von folgendem Spruch mach gerne Gebrauch:
Verspreche nichts, und das halte dann auch!

Spruch

Magst den Tadel noch so fein,
noch so zart bereiten,
weckt er Widerstreiten.
Lob darf ganz geschmacklos sein.
Hocherfreut und munter
schlucken sie's hinunter!

Marie von Ebner-Eschenbach

Hans Adam war ein Erdenkloß,
den Gott zum Menschen machte;
doch bracht er aus der Mutter Schoß
noch vieles Ungeschlachte.

 Johann Wolfgang von Goethe

Der Schneeball und das böse Wort,
sie wachsen, wie sie rollen fort;
eine Handvoll wirf zum Tor hinaus,
ein Berg wird's vor des Nachbarn Haus.

Wilhelm Müller

Wenn Dich die Lästerzunge sticht,
so laß Dir dies zum Troste sagen:
Die schlechtesten Früchte sind es nicht,
woran die Wespen nagen.

Gottfried August Bürger

Die Dornen und Disteln, die stechen gar sehr,
doch stechen die Altjungfernzungen noch viel mehr.

Emanuel Geibel

Sind der Damen drei beisammen,
gibt es eine Kaffeeschlacht,
wo die spitzen Zungen flammen.
Wen sie treffen: Gute Nacht!

Studentenalbum

Verlaß Dich auf die Leute nicht,
sie sind wie eine Wiege.
Wer heute Hosianna spricht,
sagt morgen Kruzifige.

Volkstümlich

Es liebt die Welt das Strahlende zu schwärzen
und das Erhabne in den Staub zu ziehn.
Doch fürchte nicht! Es gibt noch schöne Herzen,
die für das Hohe, Herrliche erglühn.

Friedrich von Schiller

Eine schöne Menschenseele finden
ist Gewinn, ein schönerer Gewinn,
sie erhalten, und der schönst und schwerste,
sie, die schon verloren war, zu retten.

Johann Gottfried von Herder

Ein Mühlstein und ein Menschenherz
wird stets herumgetrieben;
wo beides nichts zu reiben hat,
wird beides selbst zerrieben.

Friedrich von Logau

Der Mensch gleicht einer Münze, Freund!
Ist er von gutem Korn, und scheint
Dir echt sein Schlag und ist noch scharf sein Rand,
dann reich ihm unverweilt die Hand.
Griff aber schon die Welt zu sehr ihn ab,
so mindert dies den Wert, den die Natur ihm gab.
Doch hat ihn gar die Kunst beschnitten,
dann, Freund, magst Du Dich vor ihm hüten.

Aloys Blumauer

Ein Kluger und ein Dummer
machen mir keinen Kummer;
aber die schlimmste Sorte von Leuten
sind die Halbgescheiten.

Volksmund

Wenn Du Dich selber machst zum Knecht,
bedauert Dich niemand, geht's Dir schlecht,
machst Du Dich aber selbst zum Herrn,
die Leute sehn es auch nicht gern;
und bleibst Du endlich, wie Du bist,
so sagen sie, daß nichts an Dir ist.

Johann Wolfgang von Goethe

Der Mensch kann nichts Höhres erstreben
im Kampfe mit Sorge und Not,
als ein gutes Gewissen im Leben
und einen guten Namen im Tod.

Friedrich Bodenstedt

Wenn einer kommt und sagen kann,
er hab es allen recht getan,
so bitt ich diesen lieben Herrn,
er woll mich diese Kunst auch lehrn.

Volksmund

Sei hochbeseligt oder leide:
Das Herz bedarf ein zweites Herz.
Geteilte Freud ist doppelt Freude,
geteilter Schmerz ist halber Schmerz.

Christoph August Tiedge

Wer Engel sucht in dieses Lebens Gründen,
der findet nie, was ihm genügt.
Wer Menschen sucht, der wird den Engel finden,
der sich an seine Seele schmiegt.

Christoph August Tiedge

Ein bißchen Güte von Mensch zu Mensch
ist besser als alle Liebe zur Menschheit.

Richard Dehmel

Zwei Schlüssel öffnen Dir jedes Herz,
zwei niedliche kleine, blanke;
gib acht, daß Du sie nicht verlierst,
sie heißen »bitte« und »danke«.

Kinderalbum

Ein jedes Band, das noch so leise
die Geister aneinanderreiht,
wirkt fort in seiner stillen Weise
durch unnennbare lange Zeit.

August von Platen

Der Not ist jede Lust entsprossen,
und unter Schmerzen nur gedeiht
das Liebste, was ein Herz genossen:
der holde Reiz der Menschlichkeit.

Friedrich Hölderlin

Der Herr sprach zu den Steinen:
»Werdet zu Menschen hier auf Erden.«
Da sagten die Steine: »Dazu
müßten wir erst noch viel härter werden.«

Spruch

Ach, was soll der Mensch verlangen?
Ist es besser, ruhig bleiben,
klammernd fest sich anzuhangen?
Ist es besser, sich zu treiben?
Soll er sich ein Häuschen bauen?
Soll er unter Zelten leben?
Soll er auf die Felsen trauen?
Selbst die festen Felsen beben.
Eines schickt sich nicht für alle.
Sehe jeder, wie er's treibe,
sehe jeder, wo er bleibe,
und wer steht, daß er nicht falle!

Johann Wolfgang von Goethe

Das größte Wunderding ist doch der Mensch allein:
Er kann, nach dem er's macht, Gott oder Teufel sein.

Angelus Silesius

Den Menschen sollst Du Dich in so weit anbequemen,
um jeden in der Art, wie er sich gibt, zu nehmen.
Nur selber jedes Art und Unart anzunehmen,
in so weit sollst Du Dich den Menschen nicht bequemen.

Friedrich Rückert

Hier sollst Du dabei sein:
In des Lebens Mai sein,
unbeschwert und frei sein
und in keiner Partei sein!

Spruch

Die Leute sagen immer:
»Die Zeiten werden schlimmer.«
Die Zeiten bleiben immer;
die Leute werden schlimmer.

Volkstümlich

Stark im Glauben,
treu im Lieben
bringt uns Frieden.

Clara Ziegler

Im Leben sollst Du kämpfen,
Glück ist nur wenigen beschieden.
Der Mensch ist zu allem fähig,
warum nicht auch zum Frieden?

Spruch

Was Du nicht willst, das man Dir tu,
das füg auch keinem andern zu.

Sprichwort

Wer lange lebt auf Erden

Über den Sinn des Lebens, über Alter, Abschied, Gott und Tod wird wohl nirgends so ausgiebig philosophiert wie in alten Stammbüchern. Die Erinnerung wird immer wieder beschworen, die Vergänglichkeit alles Irdischen beunruhigt die Seele, denn am Ende winkt das Grab. So schön wie es unsere Klassiker formulierten, gelingt es den Laiendichtern von heute nicht, sich dieses Themas zu bemächtigen. Nur ein modernes Beispiel ist uns untergekommen, in dem die Blumenseligkeit der Alben in unsere gegenwärtige zerstörte Umwelt, in unsere nicht mehr heile Welt hinübergerettet wurde; die österreichische Dichterin Vera Ferra-Mikura schrieb diesen Vers:

Was flüstert die leere
Bierdose am Waldesrand?
»Vergiß-mein-nicht!«
ruft sie so zart.
Vergessen sein
ist gar zu hart!

Mögen alle, die man bittet, sich in einem Album zu verewigen, nie vergessen werden!

Was geboren wurd, muß sterben.
Was da stirbt, wird neu geboren.
Freund, Du weißt nicht, was Du warst;
was Du jetzt bist, lerne kennen
und erwarte, was Du sein willst.

Johann Gottfried von Herder

Als Du das Licht der Welt erblickt,
weintest Du; es freuten sich die Deinen.
Lebe so, daß, wenn Dein Aug sich schließt,
Du Dich freust; die Deinen aber weinen.

Aus dem 19. Jahrhundert

Was bist Du in der Welt?
Ein Gast, ein Fremdling und ein Wanderer;
wenn Du kurze Zeit Haus gehalten hast,
so erbt Dein Geld ein anderer.

Aus Kärnten

Was auch wächst und sprießt auf Erden,
es muß doch wieder zu Erde werden.

Nach einem Bibelzitat

Wenn meine Hand im Grabe liegt
und ist schon am Verwesen,
so kannst Du hier auf diesem Blatt
noch meine Handschrift lesen.

Album 1917

Denk immer: Ist's gegangen bis jetzt,
so wird es auch wohl gehen zuletzt.

Volkstümlich

Rufe nicht vergangene Tage,
nicht entschwundene Zeit zurück;
leb der Gegenwart und klage
nimmer um verschwundenes Glück!

Heinrich Zeise

Das meiste im Leben ist schlecht,
drum bin ich gar nicht froh;
die Dunkelheit ist echt,
das Licht aber scheint nur so.

Spruch

Nenne nicht das Schicksal grausam,
nenne seinen Schluß nicht Neid:
Sein Gesetz ist ewige Wahrheit,
seine Güte Götterklarheit,
seine Macht Notwendigkeit.
Blick umher, o Freund, und siehe
sorgsam wie der Weise sieht:
Was vergehen muß, vergeht,
was bestehen kann, besteht,
was geschehen will, geschieht.

Johann Gottfried von Herder

Nenne niemand dumm und säumig,
der das Nächste recht bedenkt.
Ach, die Welt ist so geräumig,
und der Kopf ist so beschränkt.

Wilhelm Busch

Wenn Dich die Nebel des Trübsinns umgarnen,
heb zu den Sternen den sinkenden Mut;
hab zu Dir selber recht festes Vertrauen,
Guten ergeht es am Ende stets gut.

Album 1852

Genieße still zufrieden
den sonnig heitren Tag,
Du weißt nicht, ob hienieden
ein gleicher kommen mag.
Es gibt so trübe Zeiten,
da wird das Herz uns schwer,
da wogt von allen Seiten
um uns ein Nebelmeer.
Da wüchse tief im Innern
die Finsternis mit Macht,
ging nicht ein süß Erinnern
als Mondlicht durch die Nacht.

Julius Sturm

Aus der Jugendzeit, aus der Jugendzeit
klingt ein Lied mir immerdar;
o wie liegt so weit, o wie liegt so weit,
was mein einst war!
Was die Schwalbe sang, was die Schwalbe sang,
die den Herbst und Frühling bringt,
ob das Dorf entlang, ob das Dorf entlang
das jetzt noch klingt?
Keine Schwalbe bringt, keine Schwalbe bringt
Dir zurück, wonach Du weinst:
Doch die Schwalbe singt, doch die Schwalbe singt
im Dorf wie einst!

Friedrich Rückert

Frühling, Sommer und dahinter
gleich der Herbst und dann der Winter:
Ach, verehrteste Mamsell,
mit dem Leben geht es schnell!

Aus dem 19. Jahrhundert

Die Jahre schnell vorüberziehn,
Du aber mögest ewig blühn!

Volkstümlich

Stell himmelwärts, stell himmelwärts
wie eine Sonnenuhr Dein Herz;
denn wo das Herz auf Gott gestellt,
da geht es mit dem Schlag, da hält
es jede Prob in dieser Zeit,
und hält sie bis in Ewigkeit.

Melchior von Diepenbrock

Das Paradies kann nur im reinen Herzen sein.
Trägst Du es nicht in Dir, so kommst Du nicht hinein.

Gerhard Tersteegen

Bleibst standhaft Du im Leiden,
erringst Du Himmelsfreuden.

S. W. Schießler

Die Pforte im Himmel ist klein,
es kann kein Prahlhans hinein.

Abraham a Santa Clara

Ein Tännlein grünet wo,
wer weiß, im Walde;
ein Rosenstrauch, wer sagt,
in welchem Garten?
Sie sind erlesen schon,
denk es, o Seele,
auf Deinem Grab zu wurzeln
und zu wachsen.

Eduard Mörike

Freund, was Du tust, bedenk das End',
das wird die höchste Weisheit genennt.

Hans Sachs

Wenn alles eben käme
wie Du gewollt es hast,
und Gott Dir gar nichts nähme
und gäb Dir keine Last,
wie wär's dann um Dein Sterben,
Du Menschenkind, bestellt?
Du müßtest fast verderben;
so lieb wär Dir die Welt.
Nun fällt, eins nach dem andern,
manch süßes Band Dir ab,
und heiter kannst Du wandern
gen Himmel durch das Grab.
Dein Zagen ist gebrochen,
und Deine Seele hofft.
Dies ward schon oft gesprochen;
doch spricht man's nie zu oft.

Friedrich de la Motte-Fouqué

Selbst sich kennen ist viel,
viel mehr noch, die Welt zu erkennen,
aber das Höchste doch ist:
Gott zu erkennen allein.
Wer kennt Gott? Wer die Welt erkannt hat.
Und die Welt zu erkennen?
Keiner vermag es, als wer selbst sich zuvörderst erkannt.

Friedrich Schleiermacher

Ich leb, weiß nicht wie lang,
ich sterb und weiß nicht wann,
ich fahr, weiß nicht wohin,
mich wundert, daß ich fröhlich bin.

Aus dem Jahre 1498

Was vergangen, kehrt nicht wieder;
aber ging es leuchtend nieder,
leuchtet's lange noch zurück!

Karl Förster

Auf seinem Wege selten fällt,
wer sein Vertrauen auf Gott gestellt.

Freidank

Vertraue Gott und traue fest,
daß Er die Seinen nicht verläßt!

J. Stegmann

Gottes Friede wallt auf heilgem Meer,
Gottes Sturm braust hallend drüber her,
Gottes Frieden wahr in treuer Brust,
Gottes Sturm braust dann zu Deiner Lust.

Friedrich de la Motte-Fouqué

Des Lebens abgestecktes Ziel
mag kurz sein oder lang,
so ist es an sich selbst nicht viel
und nur ein Übergang.
Wer aber jeden Lebenstag,
so lang es heute heißt,
dem Herrn der Tage opfern mag,
der ist ein seliger Geist.

Nikolaus Ludwig von Zinzendorf

Vergessen und Vergessenwerden!
Wer lange lebt auf Erden,
der hat wohl diese beiden
zu lernen und zu leiden.

Theodor Storm

Wem Ewigkeit wie Zeit und Zeit wie Ewigkeit,
der ist befreit von allem Streit.

Jakob Böhme

Zeit und Tage
bringen viel Plage;
Tage und Zeit
ändern viel Leid.

Stammbuch 1652

Die Erinnerung ist das einzige Paradies,
woraus wir nicht vertrieben werden können.

Jean Paul

Zwischen heut und morgen
liegt eine lange Frist.
Lerne schnell besorgen,
da Du noch munter bist.

Aus dem 19. Jahrhundert

Dreifach ist der Schritt der Zeit:
Zögernd kommt die Zukunft hergezogen,
pfeilschnell ist das Jetzt entflogen,
ewig still steht die Vergangenheit.

Friedrich von Schiller

Die Zeit ist schlecht, mit Sorgen trägt
sich schon das junge Blut;
doch wo ein Herz vor Freude schlägt,
da ist die Zeit noch gut.

August Mahlmann

Die Zeit, sie geht nicht, sie steht still,
wir ziehen durch sie hin;
sie ist ein Karawanserei,
wir sind die Pilger drin.

Gottfried Keller

Weißt Du, was in dieser Welt
mir am meisten wohlgefällt?
Daß die Zeit sich selbst verzehrt,
und die Welt nicht ewig währt.

Friedrich von Logau

Ist die Zeit auch hingeflogen,
die Erinnerung weicht nie;
als ein lichter Regenbogen
ruht auf trüben Wolken sie.

Album 1878

Erinnerung grüßt durch Sturm und Wetter,
und zitternd schreibt der Sonnenstrahl
ins blasse Gold der welken Blätter:
Es war einmal!

Frida Schanz

Wem ewig jung das Herz geblieben,
dem ist das Leben ewig jung.
Am Morgen lauter Lust und Lieben,
am Abend – die Erinnerung.

Oskar von Redwitz

Zierlich denken, süß erinnern
ist das Leben im tiefsten Innern.

Aus Jena

Das Leben, Freund, ist eine Reise,
die Heimat das verschwiegne Grab.
Der Tor murrt unterwegs; der Weise
geht froh an seinem Wanderstab.

Friedrich von Köpken

Das Leben ist eine Hühnerleiter,
von oben bis unten – ich weiß nicht weiter.

Volkstümlich

Es gibt im Leben Stunden,
da zieht man sich zurück
von dem Gewühl der Menge,
von jedem Menschenblick.
Man setzt sich hin und träumt dann,
denkt der Vergangenheit,
manch froh erlebter Tage
und an die Jugendzeit.
Gedenkt wohl eines jeden,
den näher man gekannt –
der Freundinnen und Freunde,
die man im Leben fand.
Hervor nimmt man das Album,
das lang vergessen blieb,
durchblättert seine Seiten
und liest, was jeder schrieb.
Es schwebt manch teurer Name
dem regen Geiste vor,
manch längst Vergessenes taucht dann
ans Tageslicht empor.
Und es entsteht ein Wogen
von Bildern, schön und viel;
sie schwinden, kehren wieder,
ein tolles Maskenspiel.
Und in dem Aug, dem trüben
sieht man bald Tränen stehn.
Der Mund, der flüstert leise:
Die Zeiten waren schön!

Um 1900

Sollst nicht murren, sollst nicht schelten,
wenn die Sommerzeit vergeht;
denn es ist das Los der Welten:
Alles kommt und alles geht!

Wilhelm Müller

Wenn altersschwach wir einst zur Stütze greifen
und weiß geworden auch ist unser Haar,
wenn unsere Gedanken rückwärts schweifen
auf eine Zeit, die unsere Jugend war,
und angenehme Bilder sich dann zeigen
von ehemaliger Lieb und Freundschaft Glück,
von fröhlichem Gesang und Tanzesreigen
und von des Frohsinns heiterem Sonnenblick,
dann danken wir dem Spender jener Gaben,
die unser Herz so manchmal noch macht jung,
und wünschen nur, daß jeder Mensch sie habe,
die schöne freudige Erinnerung!

Um 1900

Wenn ich dereinst ganz alt und schwach,
und 's ist mal ein milder Sommertag,
so hink ich wohl aus dem kleinen Haus
bis unter den Lindenbaum hinaus.
Da setz ich mich dann im Sonnenschein
einsam und still auf die Bank von Stein,
denk an vergangene Zeiten zurücke
und schreibe mit meiner alten Krücke
und mit der alten, zitternden Hand
BERTHA
so vor mir in den Sand.

Wilhelm Busch

Gestern liebt ich,
heute leid ich,
morgen sterb ich:
dennoch denk ich
heut und morgen
gern an gestern.

Gotthold Ephraim Lessing

Das arme Herz hienieden
von manchem Sturm bewegt,
erlangt den wahren Frieden
nur, wo es nicht mehr schlägt.

Johann Gaudenz von Salis-Seewis

Es komme, was da kommen mag!
So lang Du da bist, ist es Tag.
Und geht es in die Welt hinaus,
wo Du mir bist, bin ich zu Haus.
Ich seh Dein liebes Angesicht,
ich sehe die Schatten der Zukunft nicht.

Theodor Storm

Ihr glücklichen Augen, was je ihr gesehn:
es sei, wie es wolle; es war doch so schön!

Johann Wolfgang von Goethe

Ein Traum, ein Traum ist unser Leben auf Erden hier.
Wie Schatten auf den Wogen schweben und schwinden wir.
Und messen unsere trägen Tritte nach Raum und Zeit;
und sind (und wissen's nicht) in Mitte der Ewigkeit.

Johann Gottfried von Herder

Der Mensch erfährt, er sei auch, wer er mag,
ein letztes Glück und einen letzten Tag.

Johann Wolfgang von Goethe

O Eitelkeit, o Eitelkeit!
Alles endet mit der Zeit.
Die jüngsten Mädchen werden alt,
die wärmsten Glieder werden kalt,
die engsten Handschuh werden weit,
o Eitelkeit, o Eitelkeit!

Studentenalbum

Lebe, wie Du, wenn Du stirbst,
wünschen wirst, gelebt zu haben.

Christian Fürchtegott Gellert

Was uns Trost und Mut kann geben,
um hienieden gern zu säumen?
Daß wir leben, wenn wir träumen,
daß wir träumen, wenn wir leben.
Laßt uns denn nach heiligen Räumen
mutig und getröstet streben,
weil wir träumen, wenn wir leben,
weil wir leben, wenn wir träumen.

August von Platen

Und sind wir auch fern voneinander,
so bleiben die Herzen sich nah,
und alle, ja alle wird's freuen,
wenn einem was Gutes geschah.

August von Kotzebue

Was ist es mit dem Leben
doch für 'ne arge Not,
mußt leiden und mußt sterben
zuletzt den bittern Tod.
Drum laß uns hier in Freundschaft
einander echt verstehn
die kurze Strecke Weges,
die wir zusammengehn!

Ludwig Anzengruber

Von Ost nach West, von Süd nach Nord
sind wir verbunden von Ort zu Ort.

Aus Norddeutschland

Mögen Engel Dich begleiten,
wenn wir auseinander gehn;
in der Nähe, in der Ferne,
wenn wir uns nicht wiedersehen.

 Album 1902

Üb immer Treu und Redlichkeit
bis an Dein kühles Grab,
und weiche keinen Finger breit
von Gottes Wegen ab;
dann wirst Du wie auf grünen Auen
durchs Pilgerleben gehn,
dann kannst Du ohne Furcht und Grauen
dem Tod ins Antlitz sehn.

Ludwig Christoph Heinrich Hölty

Üb immer Treu und Redlichkeit,
geh nie den krummen Steg,
und schieße keinen Meter breit
vom rechten Ziele weg.

Parodie

Ein treu Gedenken, lieb Erinnern,
das ist die herrlichste der Gaben,
die wir von Gott empfangen haben;
das ist der goldene Zauberring,
der auferstehen macht im Innern,
was uns nach außen unterging.

Friedrich Bodenstedt

Es ist bestimmt in Gottes Rat,
daß man vom Liebsten, was man hat,
muß scheiden.
Wie wohl doch nichts im Lauf der Welt
dem Herzen, ach, so sauer fällt
als Scheiden! Ja, Scheiden!
Nun mußt Du mich auch recht verstehn,
ja recht verstehn:
Wenn Menschen auseinandergehn,
so sagen sie: Auf Wiedersehn!
Auf Wiedersehn!

Ernst von Feuchtersleben

Verzeichnis der Autoren

Neben unbekannten Verfassern sind rund 150 bekannte Dichter und Dichterinnen in dieser Sammlung mit Versen und Werkstücken vertreten:
Ludwig Anzengruber, Ernst Moritz Arndt, August Karl Auch, Otto Banck, Eduard von Bauernfeld, Rudolf Baumbach, Ludwig Bechstein, Otto Julius Bierbaum, Viktor Blüthgen, Aloys Blumauer, Friedrich Bodenstedt, Jakob Böhme, Clemens Brentano, Gottfried August Bürger, Gottlob Wilhelm Burmann, Wilhelm Busch, Adelbert von Chamisso, Emil Claar, Matthias Claudius, Carl Gottlob Cramer, Friedrich von Cronegk, Simon Dach, Richard Dehmel, Melchior von Diepenbrock, Annette von Droste-Hülshoff, Marie von Ebner-Eschenbach, Joseph von Eichendorff, Ernst von Feuchtersleben, Karl Förster, Theodor Fontane, Friedrich de la Motte-Fouqué, Lenalisa Francke-Hagedorn, Freidank, Ferdinand Freiligrath, Jörg Gaitzhovler, Gallisch, A. Gebauer, Emanuel Geibel, Christian Fürchtegott Gellert, Karl Gerok, Johann Wilhelm Ludwig Gleim, Leopold Günther von Göckingk, Johann Wolfgang von Goethe, Friedrich Wilhelm Gotter, Martin Greif, Franz Grillparzer, Anastasius Grün, Otto Friedrich Gruppe, Friedrich Güll, Albrecht von Haller, Friedrich Halm, Johann Georg Hamann, Robert Hamerling, Julius Hammer, Claus Harms, Wilhelm Hasenclever, Johann Christoph Friedrich Haug, Heinrich Heine, Johann Gottfried von Herder, Carl Herloßsohn, Georg Herwegh, Paul Heyse, H. P. Hinze, Friedrich Hölderlin, Ludwig Christoph Heinrich Hölty, August Heinrich Hoffmann von Fallersleben, Alexander von Humboldt, David Kalisch, Anna Luise Karsch, Georg Keil, Gottfried Keller, Gottfried Kinkel, Hermann Kletke, Friedrich Gottlieb Klopstock, Friedrich von Köpken, Theodor Körner, August von Kotzebue, Moses Kuh, August Friedrich Ernst Langbein, Johann Kaspar Lavater, Otto von Leixner, Nikolaus Lenau, Gotthold Ephraim Lessing, Magnus Gottfried Lichtwer, Detlev von Liliencron,

Friedrich von Logau, Hieronymus Lorm, Martin Luther, August Mahlmann, Hermann Marggraff, Friedrich Matthisson, Adolph Menk, Wolfgang Menzel, Eduard Mörike, Albert Möser, Adalbert Müller, Wilhelm Müller, H. G. Nägeli, Novalis, Christian Adolf Overbeck, Jean Paul, Johann Heinrich Pestalozzi, Gottlieb Konrad Pfeffel, August von Platen, J. von Radowitz, Oskar von Redwitz, Robert Reinick, Emil Rittershaus, Julius Rodenberg, Otto Roquette, Peter Rosegger, Friedrich Rückert, Leopold von Sacher-Masoch, Hans Sachs, Johann Gaudenz von Salis-Seewis, Daniel Sanders, Abraham a Santa Clara, Frida Schanz, Victor von Scheffel, S. W. Schießler, Friedrich von Schiller, Karl Schimper, Friedrich Schleiermacher, Klamer Schmidt, L. Schnabel, Arthur Schopenhauer, Heinrich Seidel, Johann Gottfried Seume, Angelus Silesius, Karl Spitte, Carl Spitzweg, J. Stegmann, Adelheid von Stolterfoth, Theodor Storm, Karl Streckfuß, Julius Sturm, Carmen Sylva, Karl Rudolph Tanner, Gerhard Tersteegen, Ludwig Tieck, Christoph August Tiedge, Albert Traeger, Johannes Trojan, Martin Usteri, Johann Peter Uz, Friedrich Theodor Vischer, Vogel, Johann Heinrich Voß, Friedrich Wilhelm Weber, Christoph Martin Wieland, Ch. Wurm, Heinrich Zeise, Clara Ziegler, Nikolaus Ludwig von Zinzendorf.
Zitiert wurden: Heinz Erhardt, Vera Ferra-Mikura, Lisa Fitz, Josef Guggenmos, Erich Kästner, Eugen Roth, Kurt Tucholsky. Einige der mit »Spruch« gekennzeichneten Verse stammen vom Herausgeber.

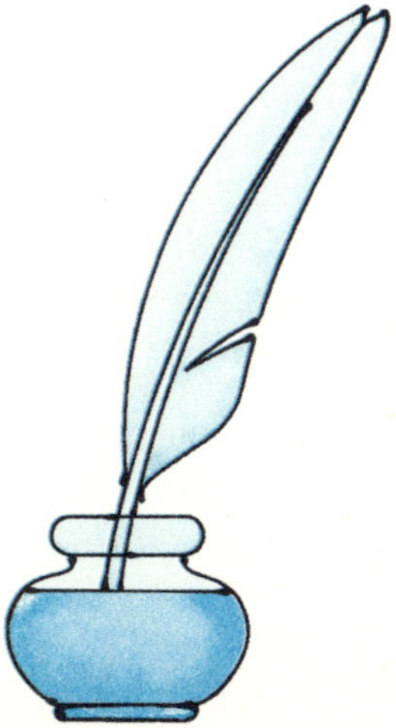

Methodischer und rechtlicher Hinweis

Wohl nirgendwo wird so oft bei der Zuschreibung von Texten geschludert wie in handschriftlichen Poesiealben. Auch auf die sonst so peniblen Lehrerinnen und Lehrer ist in dieser Hinsicht kein Verlaß. Da werden Lenau und Eichendorff verwechselt, und Verse von Hölty werden dem Wandsbeker Boten zugeschrieben. Auch Schiller und Goethe würden sich, wenn sie's noch könnten, recht schön bedanken für Verse drittklassiger Dichter wie Geibel oder Bodenstedt, die ihnen als uneheliche Geisteskinder untergeschoben werden. Sollte es auch in dieser Sammlung zu solchen Fehlleistungen gekommen sein, wären Verlag und Herausgeber - auch bei fehlenden Autorennamen - für einen entsprechenden Hinweis dankbar, um bei einer Nachauflage diese Fehler auszumerzen. Diese Bitte gilt auch, falls ein Urheberrecht übersehen und vorher keine Absprache getroffen worden sein sollte.
Sprachliche Erneuerungen alter Ausdrücke und textliche Änderungen waren in den meisten Fällen beabsichtigt, um die Lesbarkeit zu verbessern oder um die Verse dem poetischen Geschmack und Zweck von heutigen Stammbüchern anzupassen. Sie sollen den Gebrauchswert der Sammlung steigern, denn sie hauchen alten und spröden Reimen wieder Witz und neues Leben ein.

Aus ist's und gar ist's, und nu:
Mach's Buch zu!